数字出版与传播系列教材

主编 施勇勤

数字出版技术与应用

Digital Publishing
Technology and Application

徐立萍 编著

广西师范大学出版社

·桂林·

图书在版编目(CIP)数据

数字出版技术与应用／徐立萍编著.—桂林：广西
师范大学出版社，2022.10
（数字出版与传播／施勇勤主编）
ISBN 978 - 7 - 5598 - 5410 - 0

Ⅰ.①数…　Ⅱ.①徐…　Ⅲ.①电子出版物－研
究 Ⅳ.①G255.75

中国版本图书馆 CIP 数据核字（2022）第 177082 号

数字出版技术与应用
SHUZI CHUBAN JISHU YU YINGYONG

出 品 人：刘广汉
责任编辑：刘孝霞
执行编辑：王　檬
装帧设计：弓天骄

广西师范大学出版社出版发行

（ 广西桂林市五里店路 9 号　　邮政编码：541004
网址：http://www.bbtpress.com ）

出版人：黄轩庄
全国新华书店经销
销售热线：021 - 65200318　021 - 31260822 - 898
山东韵杰文化科技有限公司印刷
（山东省淄博市桓台县桓台大道西首　邮政编码：256401）
开本：787 mm×1 092 mm　　1/16
印张：13　　　　　　　　字数：267 千字
2022 年 10 月第 1 版　　　2022 年 10 月第 1 次印刷
定价：49.80 元

如发现印装质量问题，影响阅读，请与出版社发行部门联系调换。

总 序

21世纪以来，数字技术和新媒体发展的洪流裹挟着传统出版行业向数字化和产业融合方向涌进，传统出版转型升级和融合发展被新技术、新市场所牵引，迈向多元化数字出版融合时代的新领域、新服务和新业态。数字出版产业发展迅速，许多问题亟待业界和学界去积极探索，包括崭新的理论和技术、相关政策和法律法规、创新的商业模式、新出版人才的培养等。

为了服务我国新闻出版高质量快速发展，培养适应出版产业发展的新型出版专业人才，上海理工大学出版印刷与艺术设计学院紧跟国内外数字出版产业发展前沿，整理优化现代出版的新知识、新技术、新技能、新素养，在探索工、文、艺多学科融合，培养具有宽广的文化科学知识、扎实的语言文字表达能力以及数字出版新技术应用能力的高级应用型出版人才方面努力多年，形成了以内容编创能力、价值判断能力和技术应用能力为主的人才培养特色，并在出版专业的教育目标、培养方案、课程教学和专业实践等方面实施应用。为了总结、归纳课程知识体系和教学经验，并进一步提高专业教育质量，上海理工大学出版学科的骨干教师抱着拳拳之心，在积极开展编辑出版学国家一流本科专业、数字出版与传播学学位硕士点、出版专业学位硕士点建设之际，认真编写了这套"数字出版与传播系列教材"。

上海是我国近现代新闻出版印刷业的发源地，也是我国文化创意产业、出版印刷行业重要的人才培养和科研服务基地。上海理工大学出版印刷与艺术设计学院是国家新闻出版署与上海市政府共建单位，数字出版与传播是重点建设学科，学院建有国家新闻出版署数字传播科学重点实验室、国家新闻出版署出版融合发展重点实验室、国家新闻出版署可信数字版权与标准重点实验室、国家级现代印刷出版实验教学示范中心等，依托新闻出版行业资源，引进资深专家和学术资源，立足创新，关注和研究数字出版行业最新的基础理论、相关技术、实践应用、政策变化、发展趋势等，为培养数字出版产业优秀人才提供了坚实的理论支持和技术支撑。该系列教材的作者是活跃在编辑出版学教学第一线的专业骨干教师，他们专业背景好、知识面广、教学能力强、科研成果丰厚，能紧跟时代发展、重视新知识、新技术的传授。

　　然而，由于立足于专业教学的特色，基于创新的立足点和产业快速变化的因素，本系列教材难免会有不足和缺憾。希望广大读者能对书中的不足和疏漏讹误之处不吝赐教，多提宝贵意见。我们将广泛收集广大师生和读者的意见和建议，以待后续适时对本教材进行修订和完善。

施勇勤

2022年4月

前言

随着数字技术的快速发展，越来越多的计算机设备、信息技术及手段应用于出版工作的各个环节中，使出版工作更加便捷、高效，出版形式更加丰富多样。本书旨在让编辑出版学专业、新媒体专业、数字出版与传播专业及其他相关专业的学生掌握信息技术推动下数字出版领域的相关技术及其应用，提高出版类专业人才的理论素养与技术实践能力。

现有的数字出版相关专业的教材有以下几个特征：一、技术类教材偏重技术理论的学习，与计算机通信原理有关的专业词汇生涩难懂，给文科大类学生学习造成了一定的困扰；二、在技术应用领域的案例的讲解中多以公式推导、代码编写等工科内容为主，不利于学生掌握教学点、提高学习热情；三、缺乏实践项目导入，不利于培养学生的应用实践能力。目前，相关课程教学以多本教材混合使用为主，教师设计案例导入为辅。基于此，本教材旨在实现以下三个目标：

（1）理论教学与实践教学相结合，提高学生服务出版行业的能力；

（2）经典理论与新技术、前沿知识相结合，在培养学生专业能力的同时，拓宽学生视野，让学生掌握行业发展动态，引领学生走在技术发展前沿；

（3）导入应用案例，提高学生对课程的认知和学习热情。

本书分为三篇，共十二章内容，全面、深入地讲解了数字出版技术及应用。第一篇理论篇，主要讲解数字出版相关概念、数字出版技术基础等；第二篇实践篇，深入浅出地讲解了应用于数字出版领域的图像处理技术、图形绘制技术、动画制作技术、音频处理技术、视频剪辑技术及数字出版物设计与制作，通过具体的实践案例让学生在掌握相关理论知识的基础上提升实践能力；第三篇新技术篇，讲解了近年来应用于数字出版领域的区块链技术、大数据技术及人工智能技术。

本书的编写得到了上海理工大学编辑出版学一流本科专业建设项目经费和高水平大学建设项目经费的大力支持，同时感谢为本书编写做了大量工作的程海燕老师以及上海理工大学2020级研究生冯淼华、郭梦和唐叶卉同学。

由于作者视域有限，书中不足之处在所难免，敬请读者批评指正。

徐立萍

2021年12月

目录

第一篇

理

论

篇

第一章
数字出版概述

进入21世纪，在信息技术的推动下，出版业快速地向数字化、网络化发展和转变，数字出版（Digital Publishing）作为出版业的一种新兴业态，从问世以来便发展迅猛，规模迅速扩大，形态逐渐完备，产品日益丰富，技术不断创新，成为出版业新的增长点。当前除了传统的图书、报纸、期刊产业积极向数字出版领域跨界发展之外，出版的产业边界也不断扩展，许多基于网络的新型内容服务模式，如网络游戏、数字动漫、数字音乐和数字教育等也快速扩张，并与传统出版形成互动融合发展之势。大力发展数字出版产业，已经成为我国向新闻出版强国迈进的重要战略任务之一。

第一节　数字出版的定义

一、数字出版相关概念

2010年原新闻出版总署发布的《关于加快我国数字出版产业发展的若干意见》对数字出版做出了定义："数字出版是指利用数字技术进行内容编辑加工，并通过网络传播数字内容产品的一种新型出版方式，其主要特征为内容生产数字化、管理过程数字化、产品形态数字化和传播渠道网络化。目前数字出版产品形态主要包括电子图书、数字期刊、数字报纸、数字音乐、网络动漫、网络游戏、网络原创文学、网络地图、网络教育出版物、数据库出版物、手机出版物（彩信、彩铃、手机报纸、手机期刊、手机小说、手机游戏）等。数字出版产品的传播途径主要包括有线互联网、无线通信网和卫星网络等。"

其中，数字技术（Digital Technology）是一项与电子计算机相伴相生的科学技术，也称数字控制技术。它是指借助一定的设备将各种信息，包括图、文、声、像等，转化为电子计算机能识别的二进制数字"0"和"1"后进行运算、加工、存储、传送、传播、还原的技术。由于在运算、存储等环节中要借助计算机对信息进行编码、压缩、解码等，因此它也称为数码技术、计算机数字技术等。数字出版一般要满足以下基本条件：

第一，内容生产数字化。精神产品在生产阶段要采用各种数字化技术手段，使产品在内容和形式上的所有信息都以数字形式保存在计算机系统中。

第二，管理过程数字化。在业务流程中应采用数字技术手段，将数据、信息和出版内容整合在统一的资源管理系统中，并及时进行整理和动态更新，以便协同推进业务工作。

第三，产品形态数字化。经过产品策划、设计、加工、制作、发布等数字出版过程后，应可以让用户通过计算机系统获取有价值的知识、信息和娱乐服务。

第四，传播渠道网络化。数字出版产品必须通过一定的信息网络系统实现传播，传播途径主要包括有线互联网、无线通信网和卫星网络等。

数字出版这一提法于2005年开始流行，后逐渐为大家所接受。在数字出版发展早期，关于数字出版概念的界定主要有以下几种代表性观点：

我国最早对数字出版进行研究的是北京大学的谢新洲教授，他认为，所谓数字出版是指在出版的整个过程中，从编辑、制作到发行，所有信息都以统一的二进制代码的数字化形式存储于磁、光、电等介质中，信息的传递与处理必须借助计算机或类似设备来进行的一种出版形式。

武汉大学的徐丽芳认为，所谓数字出版就是指从编辑加工、制作生产到发行传播过程中的所有信息都以二进制代码的形式存储于光、磁、电等介质中，必须借助计算机或类似设备来使用和传递信息的出版。[①]她还特别强调在出版实践中，数字出版在习惯上也指利用数字技术从事图书、期刊和报纸等印刷模拟出版物的制作和生产。但是从严格意义上讲，对于采用数字技术来完成出版过程中某些环节的做法，称其为出版的数字化也许更为科学。徐丽芳的定义强调了数字技术在数字出版中的基础性作用，并对数字出版的最终产品形态进行了限制——需要依赖数字设备阅读和传递信息的出版产品。这和谢新洲的看法基本是一致的。

书生集团董事长王东临认为，就数字出版本身来说，是一个较宽泛的概念，统指采用数字技术（而非传统的纸张和采用模拟技术的音像）出版和发行的行为。在中国的出版业务分类中，电子出版和互联网出版都属于数字出版的范畴。王东临的解释较为宽泛，他强调了数字技术的基础作用，将电子出版和网络出版都囊括在数字出版的范畴中。

国内外很多学者都曾对数字出版的概念进行过研究。例如澳大利亚学者提出了一个数字出版的定义："数字出版是依靠互联网并以之为传播渠道的出版形式。其生产的数字信息内容建立在全球平台之上，通过建立数字化数据库达到在未来重复使用的目的。"澳大利亚学者非常重视互联网在数字出版上的基础作用，认为数字出版产品的生产、复制和传播都离不开全球化的互联网

---

① 徐丽芳. 数字出版：概念与形态 [J]. 出版发行研究，2005（07）：5-12.

技术和平台。

吉首大学的周海英认为真正的数字出版是依托传统的资源，用数字化工具进行立体化传播的方式。数字出版有两层含义：一是指最终产品还是纸介质的印刷物，但制作过程已经完全计算机化、网络化、自动化，其各个环节均使用数字化的设备和器材；二是指最终产品是以磁盘、光盘、网络为传播形态和其他各种电子传播形态的完全意义上的数字出版。周海英的定义强调了制作过程的数字化。她认为只要制作过程采用了数字化技术，即使最终形态是纸介质的印刷物，也同样属于数字出版。

中国新闻出版研究院副院长张立对于数字出版的定义是：数字出版是指用数字化的技术从事的出版活动。在《数字出版的若干问题讨论》一文中，他认为广义上只要是用二进制这种技术手段对出版的任何环节进行的操作，都是数字出版的一部分。它包括原创作品的数字化、编辑加工的数字化、印刷复制的数字化和发行销售的数字化。[1]2007年，张立又指出，数字出版实际上是出版业的流程再造，流程再造以后，出版单位将形成以内容为核心的业务管理模式，是一种全面的数字出版解决方案。[2]

综上，对数字出版概念的认识大致可以分为三大类：第一类是注重通过网络载体属性来概括数字出版，其实只是将数字出版等同于网络出版或互联网出版，例如原新闻出版总署和澳大利亚学者对数字出版所做的定义就强调了这一点；第二类是侧重通过数字技术手段属性和最终产品形态来解释数字出版，例如徐丽芳、谢新洲、王东临都强调了这一点；第三类主要强调出版流程的数字化是数字出版的重要基础，张立、周海英都是这种观点的拥护者。[3]

二、数字出版定义

数字出版是指利用计算机、互联网、融媒体、人工智能等技术进行内容编辑并通过网络传播的一种全媒体的出版方式。它强调内容表达的数字化、生产模式的数字化、运营流程的数字化、传播载体的数字化和阅读方式的数字化。数字出版是出版传媒产业数字化传承的创新形态，是一种融合并超越了传统出版内容而发展起来的新兴出版产业。

广义的数字出版是指在出版流程的各个环节中涉及的数字技术应用、载体表达、内容传播、运营模式等出版形态。狭义的数字出版是指具有资质的企业生产制作及发行以数字内容为主体的公开出版物，一般通过信息网络向公众提供数字化作品，包括面向用户的网络文学、电子图书、数字报刊、互联网期刊、数字动漫、手机出版物等。

① 张立. 数字出版的若干问题讨论 [J]. 出版发行研究，2005（07）：13-18.
② 张立. 数字内容管理与出版流程再造 [J]. 出版参考，2007（Z1）：28.
③ 刘银娣. 数字出版概论 [M]. 广州：华南理工大学出版社，2018.

▌第二节 数字出版的发展历程

数字出版在经历了桌面出版时代、电子出版时代、网络出版时代后，进入了复合出版时代，这四个发展阶段分别呈现出不同的特点。

一、桌面出版时代

数字出版起源于桌面出版，这是传统出版在印刷流程中兴起的革命。桌面出版又名DTP（Desktop Publishing），是将图像、文字输入计算机中，利用计算机进行图像的处理与文字、图形的绘制，然后将图形、图像拼合成整页页面，用PageMaker排版软件进行排版，用PostScript对页面语言进行描述，利用LaserWriter激光照排机将此电子版面输出为晒版原版。20世纪90年代，桌面出版实现了彩色化，它使"所见即所得"得以实现，对出版行业产生了重大影响。

桌面出版时期，整个出版流程大大简化了，创作、编辑加工环节的数字化降低了出版物的错误率，提高了出版速度和质量，实现了传统出版物加工工艺的数字化，为数字出版的发展打下了坚实的基础。

二、电子出版时代

从20世纪中期开始，随着人类对信息的需求不断提升，传统印刷媒介受到了前所未有的挑战，包括传统印刷媒介载体容量较小与社会信息传播速度及规模猛增之间的挑战、传统印刷媒介的单一检索阅读方式与新兴电子媒体的多元检索阅读方式之间的挑战、传统印刷媒介载体传播速度较慢与知识信息更新速度加快之间的挑战、传统印刷生产消耗资源与环境保护之间的挑战等。基于此，阅读市场需要一种新的出版传播方式，能使出版物根据用户的要求，综合图、文、声、像等知识信息，有针对性地提供给用户。随着计算机信息化功能的成熟，带有交互功能的多媒体出版物越来越流行。1959年，美国匹兹堡大学卫生法律中心建立了法律全文检索系统，开创了电子数据库的先河。随着计算机磁盘尤其是光盘技术的成熟，早期的电子出版物逐渐形成。

20世纪80年代中后期，我国的电子出版实践工作开启。进入90年代后，我国的电子出版业迅速崛起。2008年4月15日，我国开始正式施行《电子出版物出版管理规定》，此规定将电子出版物定义为"以数字代码方式，将有知识性、思想性内容的信息编辑加工后存储在固定物理形态的磁、光、电等介质上，通过电子阅读、显示、播放设备读取使用的大众传播媒体，包括只读光盘（CD-ROM、DVD-ROM等）、一次写入光盘（CD-R、DVD-R等）、可擦写光盘（CD-RW、DVD-RW等）、软磁盘、硬磁盘、集成电路卡等，以及新闻出版总署认定的其他媒体形态"。电子出版物品种增长的同时，出版物的质量也有了明显提高，我国电子出版业经过几年的发展，制作水平和生产能力已经逐渐接近发达国家的整体水平。

三、网络出版时代

20世纪60年代，联机情报检索系统出现，并应用于科技领域，尤其是科技期刊出版领域，这是网络出版的起源。我们今天所指的网络出版物就起源于网络期刊，其代表是1982年美国得克萨斯州的《沃斯堡明星电讯报》。世界上第一份中文网络期刊是1991年创刊于美国的《华夏文摘》。1994年，中国科学院建立了我国第一个网站，拉开了中国互联网信息服务的序幕。自1995年开始，国内的报刊社、广播电台、电视台纷纷建立网站。1997年1月，人民日报社主办的人民网进入国际互联网。1998年到2000年，以互联网文学、互联网教学读物出版为主要特点的网站相继出现，数字技术逐渐渗透到出版业的方方面面。21世纪初期，纯网络版形式的数字出版物开始出现，并迅速发展起来。

2002年，由原新闻出版总署和信息产业部联合出台的《互联网出版管理暂行规定》指出，"互联网出版即互联网信息服务提供者将自己创作或他人创作的作品经过选择和编辑加工，登载在互联网上或者通过互联网发送到用户端，供公众浏览、阅读、使用或者下载的在线传播行为。其作品主要包括已正式出版的图书、报纸、期刊、音像制品、电子出版物等出版物内容或者在其他媒体上公开发表的作品；经过编辑加工的文学、艺术和自然科学、社会科学、工程技术等方面的作品"。随着网络出版的不断深入发展，网络出版的概念也发展出新的内涵，网络出版中的网络并不仅仅限于互联网，还可以是无线网络、卫星网络等。

从此，国内外网络出版持续发展，并取得了显著的成绩。微软、谷歌、腾讯、新浪等公司除了提供数字内容外，还参与相关数字内容产品的开发与制作。微博、微信等网络新形式不断涌现，逐渐渗透到经济、政治和思想文化的方方面面。网络作为"第四媒体"，不仅保持着良好的发展势头，还存在巨大的上升空间。

四、复合出版时代

数字复合出版是必然的趋势。数字复合出版是指信息内容的全媒体出版，包括多种符号（多种文字、语言、图形、影像等）的复合、多种信息媒体（视觉、听觉等）的复合、多种传播载体（印刷、光盘、网络、磁盘、集成电路等）的复合、多种传媒形态（报纸、杂志、音像制品等）的复合、多种显示终端（计算机、阅读器、移动电话等）的复合以及多种制作技术的复合等，也包括传统出版全流程数字化并生成各种传统出版载体需要的形式和格式。因此，数字复合出版可以实现作品和媒体的"一次创作，多样展现"。

2013年，大数据时代的到来为数字出版发行方式带来全新变革，"云出版"概念开始成为数字出版业发展的新趋势。一方面，云出版把各种数字内容资源通过提供多渠道、多终端设备的方式推送给读者，整合传播内容，实现各个终端之间的无障碍阅读，加快网络内容的传播与交流；另一方面，云出版还可以通过不同内容资源之间的整合，合理解决数字出版产业中的版权、运营等关键问题，使数字出版业发展到全新阶段。2017年，人工智能进入快速发展阶段，由人工智能统领的新闻出版大数据、知识服务、智库建设、增强现实、虚拟仿真等新业态蓬勃发展。从产品形态、内容生产和智能连接三方面，人工智能逐渐渗透到数字出版的各个领域，数字出版产业跨界融合趋势更为明显。"转型升级、融合发展"成为数字出版提质增效、新旧动能转换、推动高质量发展的核心任务。2019年，我国正式进入5G商用元年。5G商用，将为新时代数字出版产业插上腾飞的翅膀。

第三节　数字出版的特点

数字出版内容产品主要是指利用数字技术为市场生产和提供的可消费的对象或系统。数字出版内容产品与传统出版物相比，具有多方面的特点。

一、数字出版载体及内容产品

数字出版内容形式多样：按目标市场，数字出版可分为数字大众出版、数字教育出版和数字学术出版；按载体形式，数字出版可分为电子阅读器、网络出版、手机出版等；按产品形态，数字出版可分为数字期刊出版、电子图书出版、数字报纸出版、网络游戏出版、数字动漫出版、数字音乐出版、网络广告。数字出版的内容制作和呈现需要各类数字出版设备，如计算机、平板电脑、手机、电子图书阅读器、VR一体机、摄录一体机、体感设备等。本节主要以产品形态为划分依据，阐述数字出版的主要内容。

（一）电子图书

2010年，原新闻出版总署发布的《关于发展电子书产业的意见》指出，"电子书是指将文字、图片、声音、影像等信息内容数字化的出版物"。电子图书也是指以二进制代码形式存储于硬盘、光盘、软盘、网络、闪存及其他计算机存储介质上的图书。

电子图书有以下四个特点：一是容量大；二是功能多，操作简单且运用便捷；三是成本低，利于环保；四是不需要烦琐的装帧设计和印刷环节，没有库存压力，并且可以反复利用。

（二）数字期刊

数字期刊是指以数字化形式存储于光、电、磁等介质或网络中，通过数字化媒体发行、阅读和使用，并在特定范围内传播的一种有固定名称的连续性数字出版产品。因此连续性和数字化是数字期刊的两个最基本要素。

（三）数字报纸

数字报纸是指采用数字技术手段采集、编辑新闻稿件、图片资料等信息内容，在与报社的采编系统相结合的平台上，通过网络平台及时发布这些信息内容，并借助计算机、移动阅读设备等阅读终端进行读取的一种新型媒介形态。它具有发布及时、传播便捷、覆盖广泛、编读互动、操作简便、回溯性强、整合多媒体等特点。目前越来越多的报社利用新媒体技术，打造出全新的数字报纸的传播手段。

（四）网络游戏

网络游戏出版是指将经过选择和编辑加工的内容，登载在互联网上或通过互联网发送至用户端，利用电子设备创建互动系统，供公众阅读、使用或娱乐的新型游戏方式或出版形态。网络游戏出版是集高科技、文化、艺术和网络于一体的新兴文化娱乐产业，被称为21世纪优先发展的朝阳产业，主要由游戏开发运营、网络支撑、推广销售等环节组成。

网络游戏出版具有以下三个方面的特征：一是创新是网络游戏出版发展的本质特征；二是有很明显的外部特征，作为朝阳产业，它能创造的利润空间极大，使其成为文化产业的重要支柱之一；三是网络游戏出版具有一定的负面效应，青少年容易沉溺在网络游戏中，造成一些不良后果。

（五）数字动漫

数字动漫出版是数字动画出版和数字漫画出版的合称，它是以创意为核心，采用数字化技术手段制作动画和漫画内容，并通过互联网、移动互联网等多种媒体终端进行传播，主要围绕动漫产品，通过开发产品、生产出版、播出演出、投放广告、内容销售、开发衍生产品从而实现盈利的一种出版方式。

数字动漫具有四个特点：一是用户可以自主选择动漫产品的表现形式和阅读方式；二是视觉效果佳，画面形象逼真，表现力强；三是制作成本低，易于广泛传播；四是产品衍生性强，周边衍生产品产值高。数字动漫出版的常见形式主要有网络动漫出版、手机动漫出版和以交互式网络电视（IPTV）、移动电视为载体的动漫产品出版。

（六）数字音乐

数字音乐是数字技术在传统音乐、影视等产业中应用的产物。狭义的数字音乐是指通过数字方式进行生产、存储并通过有线或无线方式进行传播、消费的非物质形态的音乐产品。数字音乐有以下四个特征：一是数字音乐抛弃了实物载体，它以数字信号的方式被存储在数据库里，在网络空间中流动传输，根据人们的需要被下载或删除，它的传播不再倚仗某种实物载体；二是数字音乐的传输速度快；三是数字音乐的音质不会产生损耗；四是数字音乐易于被计算机处理。

数字音乐出版产业是传统音乐产业与新技术相结合的产物。与传统音乐出版相比，数字音乐出版具有发行成本低廉、销售方式高效便捷、商业反馈迅速准确以及音乐产品库极为丰富等特点。

（七）网络广告

网络广告是指广告主通过付费的方式在互联网上发布文字、图像、影像、声音等多媒体形式的商业信息，满足用户求知、求乐、求新的欲望，以沟通和劝说为目的的一种广告出版传播形式。网络广告具有以下四个特点：一是形式多样，信息承载量大；二是传播时空广阔，通过网络的时空覆盖可实现全球传播；三是成本低且针对性强，较容易选中广告受众；四是交互性强且操作灵活，但是权威性有待提高。[①]

二、数字出版的特点

（一）多媒体

数字出版产品往往是文本、图片、音频、动画、视频等多种媒体表达类型的综合集成，具有多媒体性。与传统出版物一种媒介形式对应一种媒体形式不同，数字出版产品与服务会综合运用上述媒体形式。

（二）超链接

数字出版产品与服务既可以采用线性方式来呈现内容，也可以采用超链接方式来非线性组织信息和内容。超链接本质上是对目标数据的引用，使用者可以通过在链接点上单击或悬停鼠标来跟随。链接点可以是文本、图标或图片，而目标数据可以是文字、图像、音频、动画、视频、电子邮件、文件或应用程序等。

（三）文本开放性与智能化

与传统出版物相比，数字出版产品与服务具有开放性和智能化特征，主要表现在以下三个方面：一是数字出版产品与服务非常易于修改，作者或出版者可以在几乎不增加成本的情况下更新版本，有些数字出版产品与服务本身就设置了开放式结局；二是数字出版产品与服务的单位和容量的变化范围极大，数字出版的发展使出版的各个环节都有海量用户参与，形成大量的出版数据；三是数字出版产品与服务在大数据等技术的支持下，可以能动地满足人的各种需求。另外，数字出版产品与服务是比较容易定制的，所以能够更好地满足读者和用户个性化的阅读和使用需求。

（四）互动性

互动性是数字出版产品与服务的一个典型属性。数字出版产品的互动性可以是人与人之间的对话，也可以是人和计算机程序之间的对话。超链接、超文本和超媒体都可以是互动入口，用键盘输入命令、打印文本体现了交互性的输入和输出，作者、读者和出版者也可以比以往进行更多的、形式更丰富的互动交流。互动性改变了传统出版物作者与读者之间的单向传播关系，增强了读者和用户的融入感及参与度。

（五）便捷性

数字出版产品与服务为人们带来了新的便捷性。一方面，数字出版产品检索方便，可获得性

① 参见：国家新闻出版署出版专业资格考试办公室. 数字出版基础［M］. 北京：电子工业出版社，中国书籍出版社，2020.

强。数字出版产品往往内置强大的搜索工具，方便读者和用户查找信息，极大地提升了人们获取知识和信息的机会。另一方面，数字出版产品与服务的传播、使用和阅读几乎不受时空限制。数字出版产品传播速度快、范围广和成本低的特点，使其传播效能远远超过传统出版物。数字出版产品的复制和传播不涉及实物的制造和储运，成本相对低廉。[①]

（六）个性化

数字出版的发展促进了读者对信息文化的多样性需求，能够更加精确地满足读者的个性化需求，呈现出十足的优势。

（七）海量存储

与传统印刷出版媒介相比，数字出版媒介的容量几乎是无限的，它给人们创造了一个采集、生产、传播、存储海量信息与知识的空间。随着互联网技术的运用和数字存储技术的快速发展，大容量的存储载体不断更新，为数字出版的发展提供了巨大的空间。

（八）环保性

数字出版物正以一种低碳环保的形式融入人们的生活，它可以减少传统造纸工艺产生的污染，有利于建设资源节约型、环境友好型社会。[②]

▌第四节　数字出版的影响

数字出版虽然产生的时间并不久，但是已经对出版物、出版产业等产生了较大影响，甚至改变了社会文化。

一、对出版物形态的影响

数字出版对出版物形态的影响主要体现在以下几个方面：

（一）出版物从平面媒介产品向跨媒体、多媒体方向发展

随着数字媒体的发展，音频、短视频、VR/AR等形式逐渐成为出版产品与服务的重要部分，出版从单一化、平面化、静态化的传统纸质出版逐渐转变为立体化、纵深性、动态化的数字化出版。

（二）出版物物理形态不受局限

数字出版产品主要依托信息网络媒介而存在，这决定了用户极易对它进行分享、复制、存储和传输，同时其功能和质量不会因反复使用而改变。

---

① 国家新闻出版署出版专业资格考试办公室. 数字出版基础 [M]. 北京：电子工业出版社，中国书籍出版社，2020.
② 万安伦. 数字出版研究：运行模式与发展趋势 [M]. 北京：中国传媒大学出版社，2017.

（三）出版物呈开放状态，可多形式开发

为了贴合市场需求，内容生产商和用户可以在一定程度上对产品进行组合、定制，实现数字出版物多版本并存，开展个性化服务。同时，同样的内容资源可以开发成多种形式，供用户选择。数字出版物相比传统出版物更注重互动性，既可以是人机（出版物）互动，也可以是人人（读者—读者或读者—作者）互动。

二、对出版流程的影响

数字出版对出版流程的影响主要体现在以下几个方面：

（一）对编辑环节的影响

数字出版提高了信息的采集速度和质量，优化了传统出版的编审校流程，提高了编辑出版工作的效率。

（二）对设计环节的影响

数字化技术对出版设计环节的影响主要体现在以下三个方面：

1. 对产品形态设计的影响

在产品形态上，数字出版促使出版产品与服务形态呈现多元化发展态势，同一内容可以形成不同类型的数字出版产品和服务。

2. 对产品结构设计的影响

数字出版将内容按照一定逻辑关系拆分成可以灵活操作的信息单元，以便用户根据需要进行个性化重组。

3. 对产品功能设计的影响

数字出版产品与服务的多媒体与多模态化、可检索和可交互的特点增加了产品设计的复杂性，对产品功能设计提出了更高的要求。

（三）对复制环节的影响

数字出版使得产品在完成设计后，仅需通过数字化复制就可以实现批量生产，减少了出版产品的生产批次，简化了传统出版复制流程，使零库存销售成为可能，也节省了纸张等资源的消耗。同时，按需印刷等技术的出现也使得许多原本"亏本"的优质选题得以出版。

（四）对发行环节的影响

1. 对传统书店以及传统批发商的影响

网络书店的出现和快速发展影响了传统书店的生存和发展，同时网络书店和数字发行商极大地削弱了传统批发商的职能。

2. 对出版发行方式和流程的影响

数字化带来了移动阅读的普及，使得越来越多的内容产品以数字化形式发行，实现了出版发行方式和流程的创新性转变。

3. 对出版营销与服务方式的影响

数字化推动了互动营销、体验营销等方式的普及，提高了营销推广的效率。同时，内容产品的更新与升级十分便捷，在线观看与下载成为新的交易方式，大大减轻了出版方的服务压力。

三、对出版产业的影响

数字出版对出版产业的影响主要体现在以下几个方面：

（一）对出版产业链的影响

1. 产生新的价值活动

在数字出版产业链中出现了一些新的价值活动，例如为数字出版产品的存取和操作提供工具的价值活动，以及为数字信息和内容的传输提供基础设施和服务的价值活动。

2. 价值活动和价值环节出现了新的排列组合

例如作者可以绕过出版社，直接与书店、与读者进行交易，实现了"自助出版"。

3. 可同时从事不同类型的价值活动

在数字出版领域，许多企业与个人不再固定于某一价值环节，可同时从事不同类型的价值活动。如读者也可以成为作者，发行商也可以成为零售商等。

（二）对产业形态的影响

在技术背景下，数字出版产业不断发展，原本独立分属于不同行业的机构与企业将共同为用户提供基于信息和内容的互动数字服务，数字出版产业将不断融合扩大。

四、对社会文化的传承提出挑战

数字出版对人类的文化生活也产生了一定影响，主要体现为以下几点：

（一）数字出版影响了人类知识传播与信息交流的方式

内容生产者、传播者以及受众形成了新的交流网络，单向的传播与交流逐渐转变成多维、双向、快捷的传播与交流。

（二）数字出版改变了人类的阅读文化

首先，使用数字出版产品进行阅读成为必备的知识素养；其次，数字出版使得碎片化阅读成为重要的阅读形式。

（三）数字出版为社会文化的传承带来挑战

印刷文明是人类文化交流、社会发展的必要条件之一，而数字出版使得出版产品与服务难以以可视化形式保存。保留书籍与印刷文化的精髓，传承社会文化成为不得不面对的难题。[①]

---

① 国家新闻出版署出版专业资格考试办公室. 数字出版基础 [M]. 北京：电子工业出版社，中国书籍出版社，2020.

▍第五节 数字出版发展现状、趋势以及研究热点

随着出版业的内容与技术不断创新发展，数字出版在探索中取得了一定成果，新兴出版业态也蓬勃发展。在此背景下，出版业的发展与热点问题引起了大众的关注。

一、国内外数字出版发展现状

数字出版已经成为我国出版业的主要发展方向，国内外的数字出版都是新闻出版业的新兴产业，但存在着一定差异。

（一）国外数字出版发展现状

1. 国际大型出版集团积极推动数字出版发展

欧美国家的出版集团无一例外地高度重视数字技术的运用，对网络化生存保持高度的敏感，通过各种方式积极地推动数字出版的发展。首先，尽管这些出版集团仍然保持着传统出版业务，但是他们利用网络营销手段积极推动传统出版的发展，实现纸质图书市场的扩容；其次，这些出版集团积极推进传统出版产品向数字出版产品转型；最后，这些出版集团无一例外地建立了自己的大型图书数据库和网络销售平台，并利用亚马逊、KOBO、巴诺等著名数字图书销售平台销售电子书。

2. 合作型数字出版产业链初步形成

国外数字出版在发展之初曾陷入内容提供商和技术提供商争夺数字出版主导权的困境。其后，内容提供商开始放弃或减少在终端阅读设备和数字出版平台两方面的投入，牢牢地抓住内容这一核心资源；技术提供商则逐渐放弃对内容资源的争夺，转而集中精力开发数字出版平台和终端阅读设备。二者一改剑拔弩张的纯竞争关系，转而加强合作，使合作型数字出版产业链初步形成，共同促进了数字出版产业的繁荣发展。

3. 缔造了新型数字出版商业模式

尽管大量的数字出版项目仍然处于亏损状态，但随着数字内容的不断丰富和传播平台的开发，除了由传统出版商主导定价和分成的代理制销售模式、微支付模式、按需印刷模式外，许多新商业模式正在探索形成中，并取得了巨大的成功。例如苹果公司为了吸引更多的内容提供商进入，利用开放的苹果商店来平衡与内容提供商的关系。实践证明，基于收益分享协议的苹果商店模式使苹果公司在短时间内迅速获得巨大的成功。

除了技术提供商外，欧美的内容提供商也在售卖内容的基础上开始进行商业模式变革。例如欧美的科技出版集团纷纷采取"捆绑销售"和"批量交易"相结合的方式降低数字期刊出版成本，最大限度地攫取消费者剩余，增加收益。

还有一些内容提供商一改通过向消费者售卖产品获得收益的商业模式，转而向作者收费，例

如"自主出版"和"开放存取"就是这种新型商业模式的典型代表。

4. 逐步向服务行业转型

欧美国家让图书从油墨味十足的工业制造产品悄悄转变为服务行业产品。今天美国的出版商不再只关注产品内容，而更加关注读者的需求，时刻考虑如何更有效地为读者服务。美国在教育出版、科技出版、旅游图书出版等领域，将出版与服务、培训、资讯相结合，在线教育、在线服务风起云涌。

5. 数字出版法律法规逐步健全

数字出版法律法规的完善是数字出版产业良性发展的必要保证。欧美发达国家都非常重视数字出版法律法规的建设，从20世纪70年代就开始了数字出版法律法规的制定，发展至今，其数字出版法律法规逐步健全。以美国为例，其数字出版法律制度就经历了很长时间的发展，从最初的美国众议院在1976年《版权法》中的说明"表演和展览的设备或程序，'包括所有种类的放大声音、形象的设备，所有种类的传输器械，所有类型的电子传送系统，以及其他所有的现在尚未使用甚至尚未发明的技术和系统'"到1995年的《知识产权与国家信息基础设施》、1997年的《在线版权责任限制法》和《澄清数字化版权与技术教育法》、1998年的《千禧年数字版权法》（DMCA）、2009年的《数字消费者知情权法》等法案的相继推出，美国逐渐形成了较为系统、完善的数字出版法律体系。[①]

（二）国内数字出版发展现状

1. 传统出版机构加快数字化转型步伐

与20世纪末很多传统出版机构因为数字出版"叫好不叫座"的现状而对其持观望态度不同，21世纪以来，我国的传统出版机构意识到数字出版已经成为出版业的未来发展趋势，因而纷纷加快了数字化转型的步伐。例如高等教育出版社就提出了"向数字化内容服务业转型"的战略构想，将自身定位于"内容服务商"而非简单的"内容提供商"。2007年，高等教育出版社先后上线内容管理平台、集成服务平台，并于年底推出集合多种媒体资源的个性化"网络图书"。

2. 数字内容的传播渠道不断拓展，由网络传播走向多层次立体化渠道并存

随着我国"三网融合"（即有线电视、电信以及计算机通信三者之间的融合，目的是构建一个健全、高效的通信网络，从而满足社会发展的需求）进程的加快，数字出版在传统渠道互联网与移动网络的基础上，进一步拓展了数字卫星与有线电视两大网络传播渠道，使数字内容的传播由传统的网络传播走向多层次立体化的网络传播。

3. 技术提供商是数字出版的主体，内容提供商处于从属地位

从21世纪初开始，我国内容提供商与技术提供商就围绕着数字出版的主导权展开激烈的争夺。当前我国内容提供商多是将其内容产品的电子版授权第三方进行数字化创作、营销和销售。内容提供商仅仅承担版权输出的环节，通过提取销售分成获得数字出版收益，缺席了数字出版产

---

① 黄光蓉，李魏娟. 美国数字出版法律制度的现状与趋势 [J]. 中国出版，2012（17）：59-62.

品的制作、定价、销售环节。在这种模式下，其在数字出版产业链中将逐渐失去竞争力、丧失话语权，而由技术提供商牢牢把握数字出版的主导权。

4. 数字出版泡沫破灭，开始呈现良性发展态势

随着国内外出版行业数字化转型步伐的加快，以及资本市场对数字出版产业未来的乐观预见，很多企业都加入数字出版大潮中，希望从中分得一杯羹。但是大多数企业缺乏内容产业的发展基础和经验，造成了我国数字出版物市场的虚假繁荣。例如在原创文学领域，大多数网站因为缺乏收益来源而悄然关闭。盛大文学通过对国内重要文学网站的收购，将我国原创文学资源进行了整合，逐渐戳破原创文学领域的泡沫。随后腾讯通过收购盛大文学，进一步增强了我国原创文学领域的产业集中度，数字出版开始呈现良性发展态势。

5. 数字出版产业链仍不完善，尚缺乏成功的商业模式

数字内容产品提供商、数字内容服务提供商、终端设备提供商以及读者构成了数字出版产业链的主体。我国数字出版业尚没有形成完整的数字出版产业链。对于数字内容产品提供商而言，数字出版的内容资源与载体从某种程度上来说是分离的，其通过转让或者租借内容资源，就可以获得一定利润，避免了承担开发数字出版产品的成本。因此数字内容产品提供商缺乏数字出版的内在动力，未能真正发挥其位于产业链上端的主导优势。

对于数字内容服务提供商和终端设备提供商而言，企业之间未能进行合理分工，终端设备提供商和网络运营商纷纷建立自己的数字出版网络平台，未能专注于自己的优势领域。

由于数字作品的版权不能得到有效的保护，著作权人的权益得不到保障，网络传播商没有取得有版权的数字作品的合法传播权，加上广大网民缺乏良好的版权保护意识以及正确的消费观等，因此我国数字出版产业链仍不完善，无法进行正常的产业循环，数字出版业难以得到健康的发展。

除了产业链尚不完善外，缺乏成功的商业模式也是制约我国数字出版产业发展的重要原因之一。对应不同的出版物和不同的读者，国外产生了不同的数字出版商业模式，例如科技出版领域的B2B数字图书馆模式和按需印刷模式、大众出版领域的收益分享模式、教育出版领域的在线数字学习模式等。目前我国的数字出版商业模式还在探索之中，连国外最成熟的模式，我国也没有企业能够成功复制与持续发展。

6. 数字出版法律法规逐步建立，但仍不完善

随着数字时代的到来，版权运行环境发生了很大的变化，例如传播方式不断变化，传播的种类及数量激增，用户在享受复制和分享的便利的同时也使得知识产权被侵害的风险日益加剧等。数字化时代，盗版的成本越来越低，并且盗版产品的传播速度越来越快、传播范围越来越广，这就提高了追责侵权行为的成本，从而导致盗版现象难以彻底被遏制。

版权保护是数字出版产业发展的关键所在，目前我国保护数字版权主要还是依据《著作权法》和《信息网络传播权保护条例》，并没有专门立法。上述法律法规虽然为了适应数字出版的发展进行了修订，但是很多规定只是原则性的，对具体保护方式等未进行规定，缺乏可操作性。

因此，尽管近年来我国数字出版法律法规逐步建立，但仍需完善，以进一步满足数字出版发展的需求。[1]

二、大数据时代我国出版业发展趋势

在大数据时代，人们的生活与工作节奏将进一步加快，人们的信息消费需求除了呈现出移动化趋势外，还将呈现出实时、快捷、方便、个性化等特征。2013年8月14日国务院下发了《关于促进信息消费扩大内需的若干意见》，文件指出，要"大力发展数字出版、互动新媒体、移动多媒体等新兴文化产业，促进动漫游戏、数字音乐、网络艺术品等数字文化内容的消费。加快建立技术先进、传输便捷、覆盖广泛的文化传播体系，提升文化产品多媒体、多终端制作传播能力。加强数字文化内容产品和服务开发，建立数字内容生产、转换、加工、投送平台，丰富信息消费内容供给。加强基于互联网的新兴媒体建设，实施网络文化信息内容建设工程，推动优秀文化产品网络传播，鼓励各类网络文化企业生产提供健康向上的信息内容"。

（一）出版商向信息和知识服务商转变

面对巨大的信息消费市场，作为信息产品的生产者和提供者的出版商要想在信息服务业中占据主导地位，就必须紧跟互联网发展步伐，不断关注三网融合、媒介融合、工业和信息化融合、互联网和传统产业融合等所带来的发展机遇和挑战，通过平台互动、大数据分享、云服务等方式及时了解传统读者对图书以及关联产品的需求，了解智能手机、平板电脑、穿戴式设备等终端用户对数字内容的消费和阅读需求，不断创新内容、产品形态和服务模式，为读者提供更贴心的服务。

转变传统观念，变革发展模式，从以产品为中心转向以服务为中心，实现从出版商向信息和知识服务商的转变，将是出版业重要的发展趋势。

（二）业务驱动型出版模式向数据驱动型出版模式转变

传统出版采用的是以业务和技术为驱动的生产模式。该模式的特点是在出版过程中以业务为主线，并以业务为中心构建信息系统，其数据主要用于满足企业内部管理和统计的需要。业务驱动型生产模式的缺点是很难挖掘和发挥数据的商业价值，很难解决出版企业与客户、消费者之间的连接问题。

数据驱动型出版模式是以数据为驱动力的生产模式，一切以数据说话。以数据分析为基础的决策将贯穿从选题策划、编辑加工到内容传播与营销的整个出版过程。

（三）与互联网和大数据产业深度融合

出版业经过数字化转型后，数字出版产品的生产、传播以及营销等均与互联网息息相关。出版业比其他许多行业更需要大数据来解决其与客户、读者之间的连接问题。尽管出版业通过转企改制成立了许多大型出版集团，产业规模和行业影响力迅速扩大，但是行业数据采集、存储管理

---

[1]　万安伦. 数字出版研究：运行模式与发展趋势 [M]. 北京：中国传媒大学出版社，2017.

及综合分析和利用的整体水平不高。因此当前出版业自身并不具备大数据应用环境。为积极应对大数据应用带来的挑战，出版业必须加强和互联网及大数据企业的合作，实现出版业和互联网及大数据产业的深度融合，以创新产业发展模式，拓宽行业业务领域，提升行业产品创新和信息服务能力。

三、数字出版研究热点[①]

数字出版是新闻出版领域的研究热点，也是出版业的发展方向。多年来，数字出版产业得到众多学者的关注。从高频关键词以及各阶段研究热点来看，数字出版研究明显与国家政策、信息技术、数字出版技术、大众阅读习惯、社交媒体等密切相关，研究内容具有鲜明的时代特色。

（一）新技术的普及应用将持续对数字出版领域产生革命性影响

人工智能、5G技术、物联网、大数据等新技术的普及应用将对数字出版领域产生革命性的影响，先进技术的渗透与人工智能等新技术的探索应用，将极大地推动出版产业的转型升级。在转型升级的进程中，如何利用先进的科技来优化数字出版流程，如何打造新型发行业态来提高质量效益，如何理顺产业链、供应链体系来构建现代发行体系、提高市场竞争力等，还需要更加深入的研究。

（二）数字出版产业与新技术的融合发展仍面临挑战

数字出版产业与人工智能等新技术的融合发展道路还很漫长。内容与技术的融合不是简单的相加，新技术的大规模应用还需要很长的时间。加强资源的充分整合、规划线上线下的深度融合发展路径、创新产业形态、开辟数字出版新领域、培育出更多新的增长点、推动数字出版产业融合向纵深发展，是当下面临的重要任务。同时，加强融合型人才队伍的建设，深入开展管理结构改革等配套措施的研究，是数字出版创新产业形态、取得高质量发展的现实路径。

（三）建设出版强国、满足文化内需仍将是首要目标和任务

在由出版大国向出版强国迈进的过程中，出版物及发行业对内更好地满足群众的文化需求、对外提高国际影响力，将是我国数字出版业发展的重要目标和任务。如何借助新技术和新媒介等前沿技术，在内容、产品、营销等方面开拓新的发展格局，促进数字出版业高质量发展，仍是需要学者们持续探索的问题。

（四）促进数字出版产业深度发展，达成数字出版产业发展的核心目标

随着数字出版产业的深入发展，数字阅读、知识服务、版权问题等受到极大的关注，数字阅读的普及与优化、知识创新与应用边界的打通，是数字出版产业发展的核心目标。信息化时代，实现数字阅读与新兴技术、媒体的深度融合，开发新型数字阅读产品来满足用户的数字阅读需求，以及确立版权保护机制等，都是未来重要的研究方向。

---

① 葛敏，吴丁. 近二十年我国数字出版产业研究现状与演进［J］. 科技与出版，2021（03）：114-121.

第二章
数字出版技术基础

▌第一节　数字出版技术与编辑出版工作数字化

出版业的发展一直以来受到新技术的影响，科技革命与产业革命推动着数字出版新业态与新模式的发展。

一、数字技术的定义及其对编辑出版工作的影响

数字技术是指通过一系列技术手段，将不断变化的输入线（如图像或声音信号）转化成计算机可以识别的符号，从而可以利用计算机进行相关信息的处理以提高工作效率的一项科学技术。数字化是将复杂信息转换成数据和数字的过程。在获取数据和数字信息后，根据信息构建相应的数字模型再转换成二进制代码进行统一处理，即为信息的数字处理。

数字化技术在编辑出版工作中的优势主要体现在编辑流程、受众接收以及后期的处理等方面。在数字技术应用的背景下，人们接收信息的方式更加多元化，从事编辑出版工作的人员可以借助数字化技术实现对传播效果的统计和分析，也可以利用数字信号进行信息的处理，提高工作效率。数字出版技术和编辑出版工作的数字化改革是提高编辑出版行业利润、扩大其市场竞争力的重要途径，对整个行业的发展具有重要作用。

二、数字出版技术的内涵

数字出版技术指的是传统出版单位在数字出版转型过程中使用的技术以及在新型数字媒体发展中应用的综合技术。其本质是利用数字信息技术将传统的出版环节用数字化的方式呈现出来，用数字化的形式进行信息的编辑、校对、印刷、发行等。将数字化技术融入编辑出版中，就是对编辑出版工作的流程进行技术上的创新和改革，这并不是对原来的出版过程进行改变，也不是对

出版顺序进行调整，而是在出版的每一个环节和过程中融入相关的技术。在这个过程中要求对已出版的作品进行详细、全面的审查和控制，保证出版的作品符合标准。出版单位可以通过数字化的形式对作品进行新的表现，即将作品制作成数字版本。在校对时，也可以利用数字化手段对需要修改的部分进行标注。与传统模式相比，数字化的编辑出版工作可以对作品进行更好的保护。

三、编辑出版工作数字化进程中数字出版技术存在的问题

数字出版技术给编辑出版工作带来了很多便利，但是在数字化进程中也存在一些问题。

（一）投入力度不足

为了实现数字化出版和编辑出版数字化，必须配备新设备，学习新技术。在数字化改造过程中，应当充分发挥设备、技术的作用，以此促进出版行业的整体发展。一些出版企业在生产运营期间会受到外部环境的影响，从而导致资金投入不足，无法置办先进的数字化出版设备，仍然采用传统编辑出版模式，无法加强自身竞争力，对企业的经营发展造成较大影响。

（二）缺乏数字化理念

所有事物的发展都必须遵循相应的理念，出版工作数字化发展也必须遵循先进理念和思想。但是在数字化技术发展过程中，多数出版企业的管理人员缺乏数字化理念，过度注重市场效益，没有主动引进数字化技术和设备，使得编辑人员仍然采用传统编辑模式，无法提升工作效率，从而影响企业的整体发展。缺乏数字化理念对企业生产经营管理的影响不容忽视。

（三）企业缺乏高素质人才

从企业发展现状可知，数字化发展前景可观，企业必须积极引进优秀人才，以此提升生产经营效率。行业的发展必须有优秀人才的支持，管理层应当认识到专业人才对企业发展的影响，将数字化人才安排到数字化编辑工作中。然而在对我国出版企业的人才结构进行分析后可知，技术型人才的缺乏是目前多数出版企业面临的现状。

（四）市场竞争压力大

在数字化技术发展过程中，尽管图书行业受到了市场经济的冲击，但在短时间内不会退出市场。图书承载着文化传播的重任，因此图书行业亟待提升市场竞争力。

四、数字出版技术背景下编辑出版工作数字化的发展路径

编辑出版工作数字化是数字出版的发展趋势。在技术不断发展的背景之下，技术应当更好地服务编辑出版工作。

（一）加大版权保护力度

信息在网络平台的快速传播以及数据复制的低成本，导致了盗版和抄袭问题日益严重。作者版权得不到有效保护也会在一定程度上影响出版行业的发展。因此相关部门必须提高版权保护意

识，建立健全相关的法律法规，同时不断加强监督管理力度，及时惩处侵权行为。

（二）加大数字化编辑技术的投资力度

由于出版企业缺乏发展资金与先进技术，整个编辑出版工作的数字化发展缓慢。为了改变此种现状，企业应当投入大量资金、使用先进技术，提高编辑出版工作的效率和质量，全面提升数字化编辑技术水平，为出版行业的发展奠定良好的基础。

（三）加强数字化意识

不管是对编辑出版工作，还是对整个行业的发展来说，数字化理念的推动作用都不容忽视。企业管理人员必须充分了解数字化编辑技术，注重观念的更新和升级，在编辑出版工作中融入数字化理念，不断加强企业的市场竞争实力，促进企业的全新发展。

（四）打造数字化编辑出版系统

数字化编辑出版系统可以有效转变传统图书的编辑出版模式，让编辑人员在网络平台上完成工作。网络化编辑出版工作具备较高的协同性和跨地域性，编辑人员可以随时进行编辑工作，编辑工作不再受时间和空间限制。因此智能编辑出版系统可以提升审稿效率。作者通过计算机撰写文章，直接在网络平台上投稿，此种方式能够降低作者的投稿成本，避免由于稿件丢失造成的损失；出版社也可以降低稿件管理成本，从而提升稿件管理效率；编辑人员可通过各类数据库及时评估作者稿件的价值，避免自身专业限制导致的主观误判，不断提升审稿效率。

▌第二节 数字出版常用技术

数字出版技术是计算机、通信、网络、云计算、大数据、人工智能等综合信息技术在出版业的应用。数字技术对现代出版业产生了深远的影响，它不仅改变了出版产品的媒介形态，也改变了出版产品的发行方式，推动了出版业的转型升级。

数字出版常用的技术包括数字内容组织技术、数字内容编排技术以及数字内容出版技术。

一、数字内容组织技术

（一）标记语言

标记语言指的是一种用来描述文件相关信息，包括组成部分、各式特征、内容结构等的一种电脑文字编码，它没有逻辑行为能力，只用于文本内容信息的区分。它可分为程序性标记语言和描述性标记语言，前者用来描述文档显示的样式，后者用来描述文档中文字的用途。

目前典型的标记语言有SGML和XML。SGML（Standard Generalized Markup Language）是1986年国际标准化组织发布的标准通用标记语言，是XML和HTML的基础，它可以解决文本数据转换过程中数据丢失、无法被提取和保存的问题。

XML（Extensible Markup Language）是一种可扩展标记语言，拥有强大的扩展性。它可以实现文件内容、结构、样式的分离，便于数据在不同平台上进行共享、传输和交换，同时它也可以用标引方式存储数据，帮助提高检索效率。

HTML（Hyper Text Markup Language）是超文本标记语言，主要用于规定网页的显示与浏览。最新版本的HTML5被认为是互联网的核心技术之一，它可以灵活适用于各类终端，具有丰富的界面展现、多媒体实现、易用开放的API（Application Program Interface，应用程序接口）以及增强的存储和通信等能力的特点。

（二）标识符

标识符是指识别出版内容或资源数据的唯一符号。在传统出版阶段，标识符主要有国际标准书号、国际标准音像制品编码等，而在数字化技术日新月异的今天，连续出版物及单篇文献标识符SICI（Serial Item and Contribution Identifier）、图书及图书内容标识符BICI（Book Item and Contribution Identifier）、数字对象标识符DOI（Digital Object Identifier）已成为数字出版领域的主流标识符，为数字内容资源的提取、传输、存储、读取提供强大的技术支持。

（三）元数据

元数据是对信息资源进行描述、解释、定位或使信息资源更易于检索、利用和管理的结构化信息。元数据是一种有效的信息资源组织和管理工具，可分为标识型、描述型、结构型和管理型四种类型。元数据的作用体现在以下几点：第一，准确标识出版物；第二，方便查询和交易；第三，促进数据交换和处理；第四，提高数字资源管理及开发利用的效率；第五，有利于数字资源的长期保存。[①]

二、数字内容编排技术

（一）版式设计与编辑技术

目前数字内容的版式设计与编排主要采用桌面排版技术，运用排版软件进行文字编辑、图形和图像制作、版面内容编辑等。排版软件主要利用批处理排版技术和交互式排版技术。

（二）多媒体技术

多媒体技术是指利用计算机和相关的硬件设备、软件工具对文本、图像、声音和动画等多种形式的媒体进行数字化采集、获取、处理加工、存储和传输的综合技术。

文本文件是最早、最基础的媒体类型，由字符组成，目前主要有TXT格式、DOC格式和RTF格式。图像和图形是内容传播中最直观的媒体类型，常见的图像文件格式有JPEG格式、GIF格式、BMP格式和TIFF格式等。音频、视频在内容传播中同样非常直观，两者在数字出版领域的作

---

① 刘银娣. 数字出版概论［M］. 广州：华南理工大学出版社，2018.

用愈来愈重要。不论是有声读物还是各类视频，都占据了很大一部分数字出版物市场。音频的主要格式有MIDI格式和MP3格式，视频格式主要有MP4格式、AVI格式和MOV格式等。数字动画制作技术主要是指在计算机上使用的各矢量动画编辑软件，目前运用最多、最具代表性的是知名图形设计软件公司Adobe（奥多比）推出的After Effects。[①]

三、数字内容出版技术

（一）数据库出版技术

数据库出版是实现电子信息资源出版的关键技术，数据库将互联网上分散、复杂的信息数据整合聚集，通过全文检索技术、中文分词技术、文本挖掘技术和内容组织技术等，准确地获取用户所需的信息数据资源。

（二）数字版权管理技术

技术的进步使得数字出版业中盗版侵权事件不断发生，因此数字版权管理（DRM）应运而生。数字版权管理技术利用一系列软硬件技术，实现对数字内容的保护、控制和管理，数字版权管理的手段主要包括加密技术和内容访问控制技术。

加密技术的基本思想是通过变换信息的表示形式对需要保护的敏感信息进行伪装，使非授权者无法接触到被保护的内容。其主要方法有数字摘要、数字水印、数字指纹等。

内容访问控制技术通过生成与颁发数字许可证来控制数字内容的使用权利，可用于监控用户实施的资源访问活动，防止非授权用户访问系统资源并导致数据泄漏和流散。[②]

第三节 数字出版关键技术

数字出版的关键技术主要包括数字图像、数字音频、计算机动画、数字视频技术、虚拟现实技术以及数字游戏。

一、数字图像

图像是采用各种观察系统获得的能够为人类视觉系统感知的画面，包括各种图片、各类光学影像以及对客观景物的描绘等。自然界存在的原始图像在空间和亮度上是连续的，是一种模拟图像，因此在应用于数字出版前需要对其进行数字转化。

---

① 刘银娣. 数字出版概论［M］. 广州：华南理工大学出版社，2018.
② 刘银娣. 数字出版概论［M］. 广州：华南理工大学出版社，2018.

（一）数字图像的基本参数

像素是数字图像的基本元素，它是在图像数字化时对连续空间进行离散化得到的。每个像素具有整数行（高）和列（宽）位置坐标，同时具有整数灰度值或颜色值。数字图像有分辨率、像素深度和真（伪）彩色三个基本参数。

（二）数字图像的种类

数字图像通常分为矢量图和位图两类。

1. 矢量图

矢量图也称为面向对象的图像或绘图图像，它由一系列计算机指令绘制完成，如画点、画线、画圆。构成图像的元素是点、线、多边形、圆等，都是通过数学公式计算得到的。矢量图的文件占用的存储空间较小，在矢量图上对图像进行缩放、旋转、变形等操作时不会产生锯齿。矢量图可通过显示设备或打印机以最高分辨率输出，但是当图像非常复杂时，计算机需要花费很长的时间去执行绘图指令。

2. 位图

位图也称点阵图，是由许多像素点组成的图像。位图可以表现色彩的变化和颜色的细微过渡，产生逼真的效果，也可以进行变形、效果处理、色彩调整等操作。其缺点是在保存时需要记录每个像素的位置和颜色值，占用的存储空间较大。

（三）数字图像文件格式

数字图像文件格式种类繁多，按图像的时序特性可以分为静态图像文件格式和动态图像文件格式两类。

1. 静态图像文件格式

常用的静态图像文件格式主要有BMP格式、GIF格式、JPEG格式、TIFF格式、PNG格式、SVG格式等。

2. 动态图像文件格式

动态图像文件格式一般分为影像文件格式和动画文件格式两类。影像文件格式主要有MPEG格式、AVI格式以及流媒体格式ASF格式、RM格式、MOV格式等；动画文件格式主要有GIF格式、SWF格式、FLIC格式等。

（四）数字图像识别技术

随着数字图像处理技术的发展和实际应用需要的提升，图像识别技术在数字媒体领域得到广泛应用，在人机交互、身份鉴别、数字信息检索和管理等领域为人们提供了更人性化、更安全和更有效的方式，包括汉字识别、二维码识别、指纹识别、人脸识别以及图像检索等技术。以下介绍较常用的二维码信息识别技术以及图像检索技术。

1. 二维码识别

二维码是用某种特定几何图形按一定规律在平面（二维方向）上分布的、黑白相间的、记录数据符号信息的图形。我们常用的矩阵式二维码是在一个矩形空间中通过黑、白像素在矩阵中的不同分布进行编码的，黑色像素点（方形、圆形或其他形状均可）表示二进制"1"，白色像素点表示二进制"0"，点的排列组合确定了矩阵式二维码代表的意义。二维码可以印制在图书、期刊、报纸、宣传册、器物等各种载体上，通过扫描二维码，读者可以获取更多增值服务内容。

2. 图像检索

图像检索大致分为基于文本的图像检索和基于内容的图像检索两类。基于文本的图像检索利用人工或半自动文本标注方式对图像内容进行描述，查询操作是基于该图像的关键字或文本描述进行的精确匹配或概率匹配。基于内容的图像检索会自动提取每幅图像的视觉内容特征并建立索引，查询操作将根据图像视觉特征进行相似度匹配。其较为典型的应用是，允许用户输入一张图片，以查找具有相同或相似内容的其他图片。

二、数字音频

音频不仅可以作为单一媒体形式独立呈现，还可与其他媒体（如图、文、视频等）构成多媒体形式，对丰富数字内容表现形式起到重要的作用。自然界的声音都以模拟信号形式存在，极易受到噪声信号的影响。在经历多次复制或长距离传输后，声音失真和噪声增加的情况变得十分显著。鉴于数字信号具有抗干扰能力强、易存储、传输过程没有声谱失真、便于编辑和处理等特点，采集到的模拟声音信号通常会被转换成数字信号进行存储、处理和传送。播放时，数字信号会被转换成模拟信号。

（一）数字音频的基本参数

1. 声道数

声道数指声音录制时的音源数量，有单声道、双声道和多声道，声道数越多，音质越好，临场感越强。

2. 采样频率

采样频率指单位时间内的采样次数，采样频率越大，采样点之间的间隔就越小，数字化后得到的声音就越逼真，但相应数据量就越大。

3. 量化位数

量化位数指使用多少位（bit）的二进制数据来描述声音波形，如8位、16位、24位。量化位数越高，数字化后的音频信号就越接近原始信号。

4. 比特率

比特率也称码率，是一个间接衡量数字音频质量的指标，表示每秒钟音频数据的二进制容量。当两个数字音频文件采用相同的编码方式时，可以用比特率来衡量它们之间的音质好坏，但不同编码方式的数字音频文件，则不一定适用。[1]

---

① 刘清堂. 数字媒体技术导论（第2版）[M]. 北京：清华大学出版社，2016.

（二）数字音频文件格式

1. WAV音频文件格式

WAV（Windows Audio Volume）是基于Windows系统的一种标准数字音频文件格式，用于记录实际声音的取样数据，能保证声音不失真，但存储空间大。

2. CDA音频文件格式

CDA（Compact Disc Audio）是激光数字唱盘使用的音频文件格式，用于保存数字高保真音乐，可转换为WAV、MP3等其他音频文件格式。

3. MP3音频文件格式

MP3（Moving Picture Experts Group Audio Layer III）是MPEG音频文件格式，由于压缩率高、数据量小、音质较好而被广泛使用。

4. MIDI音频文件格式

MIDI（Musical Instrument Digital Interface）指乐器数字接口，是电子乐器制造商们建立的通信标准。MIDI文件本身不包括声音波形数据，仅使用字节进行描述，所以文件非常小。

（三）数字音频处理编辑软件

处理数字音频需要使用专业的编辑软件，如GoldWave、Adobe Audition。这类软件通常提供声音录制、编辑、混合、音效设计、格式转换、播放等功能，以满足各种复杂和精细的数字音频处理需求。

三、计算机动画

动画是通过连续播放一系列画面，以展现事物的发展过程和动态，给视觉造成动态变化的图画。随着计算机技术的普及和发展，计算机动画应运而生，它在传统动画的基础上利用数字处理技术连续播放静止图像的方法产生景物运动的效果。当前，大力发展国产动画对提升文化自信、巩固文化安全、不断增强我国文化产业国际竞争力具有重要的现实意义，近年来国产动画片的制作也在朝着良性方向持续发展。

（一）计算机动画的概念

计算机动画是指采用图形与图像的数字处理技术，借助于编程或动画制作软件生成的一系列景物画面，其中，当前帧是前一帧的部分修改。一般来说，计算机动画包括景物位置、方向、大小和形状的变化，以及虚拟摄像机的运动、景物表面纹理和色彩的变化等，因此计算机动画生成的是一个虚拟的世界，动画师可以随心所欲地编织动画中的虚幻世界。

（二）计算机动画的分类

1. 根据视觉空间的不同划分

视觉空间的划分方式是最常用的计算机动画划分方式。根据视觉空间的不同，计算机动画可以分为二维动画和三维动画。

①二维动画：二维动画也称平面动画，它以平面方式展示每帧动画内容，利用透视、阴影等手段产生立体的视觉效果。

②三维动画：三维动画也称立体动画，它包含物体完整的三维信息，并根据物体的三维信息在计算机内生成影像的模型、轨迹、动作等，具有真实的立体感。

2. 根据运动的控制方式划分

根据运动的控制方式，计算机动画可以分为实时动画和逐帧动画。在一般情况下，简单动画采用实时生成方式，复杂动画或对画面质量要求较高的动画采用逐帧生成方式。

①实时动画：实时动画利用计算机算法来实现对物体的运动控制。在实时动画中，计算机对输入的数据进行快速处理，每生成一个动画片段就立即播放，因此实时动画的生成速度必须满足屏幕刷新频率的要求。

②逐帧动画：逐帧动画通过一帧一帧显示动画的图像序列的方式来实现物体的运动效果。在逐帧动画中，每一帧都是单独生成和存储的，全部帧记录在相应的存储介质上或以实时回放的方式连贯显示。

3. 网络动画

随着计算机网络的发展和普及，网络动画开始出现。网络动画采用矢量图形，文件小，画面线条简洁、颜色鲜艳，支持交互功能，对计算机硬件要求不高，软件操作也较为容易。制作网络动画的软件较多，Flash是应用较为广泛的一种。它不仅支持动画、声音及交互功能，其强大的多媒体编辑能力还支持用户直接生成主页代码。此外，Flash使用矢量图形和流媒体播放技术，更加适用于网络传输。

（三）计算机动画的制作流程

计算机动画是对传统手绘动画的一个重大改进。与手绘动画相比，用计算机来描线上色更方便，操作更简单。从成本上说，计算机二维动画价格低廉，节省耗材和人工成本。从技术上说，计算机动画减少了工艺环节，无须胶片拍摄和冲印就能预演结果，便于及时发现问题并在计算机上修改，既方便又节省时间。更重要的是，计算机动画的成果形式和应用平台更加多元化。从制作流程上讲，计算机动画制作过程可以分为总体设计、设计制作、具体创作和拍摄制作四个阶段。

1. 二维动画制作流程

计算机二维动画对应着传统的手绘动画，一般其产品大多是电视连续剧动画片、电影片、商品广告、公益动画片或科教演示等。该类型计算机动画的制作流程、具体步骤以及制作人员的分工遵循传统手绘动画的步骤和规律。稍有不同的就是具体创作阶段和拍摄阶段中的中间画制作、誊清和描线、着色、检查、拍摄、录音等步骤是借助计算机实现的，而其他阶段的步骤则以传统的手工和纸质工具来实现。

在制作二维动画的过程中，计算机的作用包括输入和编辑关键帧、计算和生成中间帧、定义和显示运动路径、交互式给画面上色、产生一些特技效果、实现画面与声音同步、控制运动系列的记录等。

2. 三维动画制作流程

就三维动画而言，动画制作过程的前两个阶段，即总体设计和设计制作，可以统称为前期制作阶段。因此三维动画制作过程可以分为前期制作、具体创作和拍摄制作三个阶段。

数字三维动画技术是利用相关计算机软件，通过三维建模、赋予材质、模拟场景、灯光和摄像镜头、创造运动和链接、动画渲染等功能，实时制造立体动画效果和以假乱真的虚拟影像，将创意想象化为可视画面的新一代影视及多媒体特技制作技术。[①]

（四）计算机动画的应用领域

计算机动画涉及电影业、电视片头和广告、科学计算和工业设计、模拟、教育和娱乐，以及虚拟现实与3D等领域，具有广阔的市场前景。以下简述计算机动画在手机交互领域中的应用。

1. 计算机动画应用于手机广告

由于手机广告的表现形式丰富多样，包括文字、图像、音频、动画等，因此不同的表现形式之间可以进行组合。此外，当前人们接受信息的时间的碎片化、地点的零散化，使不同的用户会在不同时间和地点接受不同的信息，因此计算机动画应用于手机广告是一种将广告和娱乐结合在一起的新的传播形式。用户和手机进行互动时，这种传播形式就很有趣味性，手机用户真正地参与到了手机广告的宣传中。同时，动画艺术短片与手机广告结合也是一种新的传播形式，用动画来表现广告的内容，可以让用户在娱乐中接收信息。这种特殊的表现形式既轻松有趣又通俗易懂，深得用户的喜爱。

2. 计算机动画应用于手机新闻信息

计算机动画在手机新闻信息功能中承担着重要作用，例如在天气预报信息中，可以利用计算机动画的形式来表现风力、风速、气温、雨雪等天气状况，比起单纯的文字表述更加形象生动，更具有娱乐性，满足了手机用户的个性化需求，更易于被手机用户接受。

四、数字视频技术

视频是人们接受信息的重要途径之一，视频信号的获取、存储、处理、播放和传输是多媒体计算机系统中一个很重要的组成部分，视频处理技术是多媒体应用的一个核心技术。数字视频技术是在数字多媒体的应用环境下产生的新型媒体传播形式，主要是对视频的声音、画面进行数字化处理，以使视频适应不同的传播平台。数字视频技术的出现与普及，给影视制作方式以及视觉媒体带来了深刻的变化，并且对于社会和经济的影响十分巨大。

（一）数字视频技术的定义

数字视频的获取通常包括从现成的数字视频库中截取、利用计算机软件制作视频、用数字摄

---

① 宗绪锋，韩殿元. 数字媒体技术基础 [M]. 北京：清华大学出版社，2018.

像机直接摄录和视频数字化等多种方法。常用的设备包括摄像机、录像机、视频采集卡和数码摄像机。获取到的数字视频可以通过画面拼接或影视特效制作进行数字化编辑与处理，涉及镜头、组合和转场过渡等基本概念。影视特效主要处理电影或其他影视作品中的特殊镜头和画面效果。后期特效处理通常采用抠像、动画特效和其他一些视频特效。随着计算机技术特别是数字媒体技术的发展，数字视频处理技术有了极大的提高。

（二）数字视频编辑技术的相关概念

1. 剪辑

剪辑就是将影片制作中所拍摄的大量镜头素材，利用非线性编辑软件，并遵循一定的镜头语言和剪辑规律，经过选择、取舍、分解和组接，最终完成一个连贯流畅、主题明确的艺术作品。在影片制作中需要将镜头素材重新裁剪编辑处理，使其达到更好的表达效果。

2. 非线性编辑

非线性编辑是相对传统上以时间顺序进行线性编辑而言的。非线性编辑借助计算机来进行数字化制作，几乎所有的工作都在计算机中完成，不依靠外部设备，打破了按传统的时间顺序进行编辑的限制，根据制作需求自由排列组合，具有快捷、简便、随机的特性。

3. 镜头

在影视作品的前期拍摄中，镜头是指摄像机从启动到关闭期间，不间断摄取的一段画面的总和。在后期编辑时，镜头可以指两个剪辑点间的一组画面。在前期拍摄中的镜头是影片组成的基本单位，也是非线性编辑的基础素材。非线性编辑就是对镜头的重新组接和裁剪编辑处理。

4. 景别

景别是指由于摄影机与被摄体的距离不同，而造成被摄体在镜头画面中呈现出范围大小的区别。景别一般可分为五种，由近至远分别为特写、近景、中景、全景和远景。

5. 运动拍摄

运动拍摄是指在一个镜头中通过移动摄像机机位，或者改变镜头焦距所进行的拍摄。通过这种拍摄方式所拍到的画面称为运动画面。通过推、拉、摇、移、跟、升降摄像机和综合运动摄像机，可以形成推镜头、拉镜头、摇镜头、移镜头、跟镜头、升降镜头和综合运动镜头等运动镜头画面。

在后期处理的非线性编辑过程中，可以通过缩放和位移等特效属性，模拟摄像机镜头运动，形成运动镜头画面效果。

6. 镜头组接

镜头组接就是将拍摄的画面镜头按照一定的构思和逻辑，有规律地串联在一起。一部影片是由许多镜头合乎逻辑地、有节奏地组接在一起，从而清楚地表达作者的阐释意图。在后期剪辑的过程中，需要遵循镜头组接的规律，使影片表达得更为连贯流畅。画面组接的一般规律就是动接动、静接静和声画统一等。运动镜头和固定镜头组接，同样需要遵循动接动、静接静的规律。当一个固定镜头要接一个运动镜头时，运动镜头要有起幅。相反，一个运动镜头接一个固定镜头时，运动镜头要有落幅，否则画面会给人一种跳动的视觉感。为了达到一些特殊效果，有时也会使用静接动或动接静的镜头。

①动接动：如果影片画面中同一主体或不同主体的动作是连贯的，可以利用动作镜头组接动作镜头的方式，达到使镜头流畅过渡的目的，简称为动接动。

②静接静：如果两个画面中的主体运动是不连贯的，那么这两个镜头的组接必须在前一个画面主体做完一个完整动作停下来后，衔接画面开始是静止的镜头，这就是静接静。静接静组接时，前一个镜头结尾停止的片刻称为落幅，后一个镜头运动前静止的片刻称为起幅，起幅与落幅的时间间隔大约为1～2秒。

（三）后期特效处理

影视后期也称为影视特效，主要是通过一个特殊的影像成像过程（影像的拆解与复合）去完成常规摄制手段（一次性影像成像）无法实现的影像成像任务。影视特效表现的不仅仅是现实中无法实现或无法再现的景象，有时表现的甚至是现实中根本不存在的事物等。后期特效处理通过跟随、抠像、校色、合成等操作分开各层的影像，在影像上加入例如"爆炸"等的特殊效果。

（四）数字视频的应用

1. 电影行业

数字视频技术在电影行业中得到了广泛的应用，通过使用相关的非线性编辑技术和后期特效技术，电影行业中所有的设计内容都逐渐得以实现。

2. 电视行业

电视制作和电视包装都是当今电视台和各电视节目公司、广告公司最常用的制作节目的方法。电视制作是将非线性编辑技术加入电视节目的制作中。由于非线性编辑技术具有顺序的可调性以及音、视频材料损耗低的特点，因此它已替代了原先的线性编辑技术而成为电视节目制作系统的主流技术。

电视包装引入视频后期特效，加大了电视的品牌主张和视觉形象表现等。数字视频技术可以很好地把握整体的节目风格和效果。

3. 广告设计行业

广告设计是视觉传达艺术设计的一种，其价值在于把产品载体的功能特点通过一定的方式转换成视觉因素，使之更直观地面对消费者。利用数字视频技术中包含的特效，可以制作出丰富的视觉效果，并可以适当添加动画。

4. 网络视频

当前网络越来越成为人们生活中不可缺少的一部分。人们从网络上可以第一时间获得各种信息。数字视频技术与网络的接轨也顺理成章地达成了一致。例如数字视频在网络上的发布、播客的流行、网络直播等。[1]

---

[1] 宗绪锋，韩殿元. 数字媒体技术基础 [M]. 北京：清华大学出版社，2018.

五、虚拟现实技术

虚拟现实（Virtual Reality，VR）即利用计算机动画技术模拟产生的一个三维空间的虚拟环境系统。借助视觉、听觉甚至触觉设备，用户"身临其境"地置身于这个虚拟环境中随心所欲地活动，就像在真实的世界中一样。虚拟现实技术，又称虚拟环境、灵境或人工环境，是指利用计算机生成一种可对参与者直接施加视觉、听觉和触觉感受，并允许其交互地观察和操作的虚拟世界的技术。

（一）虚拟现实的特征

1. 沉浸性

沉浸性又称临场感，指用户对虚拟空间产生的真实感。用户作为主角沉浸于虚拟的空间之中，脱离现有的真实环境，获得与真实世界相同或相似的感知，产生身临其境的感受。理想的模拟环境使用户难辨真伪，全身心投入计算机创建的三维虚拟空间中。

2. 交互性

交互性指用户通过软硬件设备进行人机交互，包括用户对虚拟环境中对象的可操作性程度和从虚拟环境中得到的反馈的自然程度。例如，用户可以用手直接抓取模拟环境中虚拟的物体，并感受到物体的重量。

3. 构想性

构想性又称自主性，指用户在虚拟空间中，依靠自身的感知和认知能力全方位获取知识和寻求对问题的解答。

（二）虚拟现实解决的问题

1. 以假乱真

以假乱真就是指合成对观察者的感官器官来说与实际存在相一致的输入信息，即可以产生与现实环境一样的视觉、触觉、嗅觉等。

2. 相互作用

相互作用指观察者积极和能动地操作虚拟现实，以实现不同的视点景象和获取更高层次的感觉信息。通俗地说，就是让物体更真实、声音更逼真。

3. 自律性现实

自律性现实即观察者在意识不到自己动作、行为的条件下得到栩栩如生的现实感。在这里，观察者、传感器、计算机仿真系统与显示系统构成了一个相互作用的闭环流程。[①]

---

① 刘清堂. 数字媒体技术导论（第2版）[M].北京：清华大学出版社，2016.

六、数字游戏

（一）数字游戏的概念

数字游戏是指涵盖电脑游戏、网络游戏、电视游戏、街机游戏、手机游戏等采用以信息运算为基础的数字化技术，基于数字平台的、脱离现实的、有规则的、有目的的、有挑战的、能够使玩家产生互动并吸引玩家持续进行的娱乐活动。

（二）数字游戏的特征

1. 数据化

数据化是数字技术的基本属性和特征。在信息技术的推动下，计算机能够迅速且准确地操作海量数据，瞬间将数以兆计的字节进行传输、储存、调用或归类。而数字游戏也同样继承了这一典型的数据结构，不仅具备一般的软件特征，而且还具有"百科全书式"的丰富内容。

数字游戏的数据化意味着游戏内容的丰富化、结构化和多媒体化，数字手段不仅增强了游戏本身的趣味性，也促进了IT技术的不断发展。

2. 智能化

数字游戏的智能化特征源于人工智能技术的应用。设计师将随机应变的智能融入游戏机制，创造出各种新的游戏元素，如富有智慧的配角、复杂多变的关卡、自我学习的机制和普通人难以战胜的敌手，使得游戏平添了无数趣味和灵动。

在数字游戏中，人工智能可以自动充当起规则的裁判，也可以不断提示游戏的玩法，使得学习游戏变得更加容易，增添了数字游戏的魅力。

3. 拟真化

数字游戏的拟真化建立在交互的即时性和场景的具象性两大基石之上。即时交互是使游戏者在直觉层面产生真实错觉的基础，在游戏中，游戏者几乎意识不到自己的指令首先经过了外围设备的传输，随之被写入储存件，进而被处理器读取运算，最终通过显示设备得到反馈。这一系列的过程是如此之快，几乎一瞬间，游戏就进入了下一个循环。而具象场景则在视觉感知层面营造幻觉，使得玩家乐于相信一个虚拟空间的存在，进而认可游戏行为的合理性。

4. 黑箱性

黑箱性指为了增强数据的安全性和规范程序的编写，数字游戏在上市之前就被封装成各个模块，这使得普通玩家几乎无法窥见游戏内核的规则，即便是程序员也只能通过反编译才能了解一二。由此，数字游戏很难由开发者以外的人员进行改进，许多游戏开发商只能依靠不断推出补丁来完善产品。黑箱性在保障了游戏知识产权的同时也带来了诸多新的设计问题，对此，在Quake（雷神之锤）等游戏中，设计者便有意地打破这一特性，将源代码无偿地公布于众。

5. 网络化

游戏的网络化是当前全球化进程的一部分。网络使游戏跨越了地域的限制，将远隔天涯的人们联系到一起；网络也使游戏融入了人与人的互动，玩家不再是孤独地克服挑战，协作、竞争、交流等乐趣得以悉数演绎。而且这种互动隐匿在虚拟形象的面具下，人们的交流更加随性自由。网络技术使得数字游戏比传统游戏更加国际化，也更加精神化。

6. 窄带性

窄带性是指数字游戏的交互具有局限性，它不同于现实世界中的活动，在体验广度和维度上均受一定的限制。

相对于传统游戏，数字游戏中玩家的道具往往只是鼠标、手柄之类的设备，其操作无非点击、摁钮等简单的动作。因此游戏的交互模式和体验范围都较为狭窄，游戏学家凯蒂·萨伦（Katie Salen）称之为"窄带交互性"（Narrow Interactivity）。[1]

（三）数字游戏的设计

1. 游戏制作的基本流程

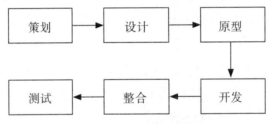

图2-1 游戏制作的基本流程

2. 游戏项目主要设计开发人员及其职责

①游戏首席设计师（游戏策划主管）：负责游戏项目的整体策划，主要职责在于游戏核心概念和整体框架的设计，参与整个项目的管理和协调。

②游戏系统设计师（游戏规则设计师）：负责游戏系统规则的编写，如战斗系统、交易系统和晋级规则等，与程序员联系紧密。

③游戏数值设计师（游戏平衡性设计师）：负责游戏平衡性方面的规则和数值的设计，承担各类数据的设定和管理，如武器伤害值、战斗的公式和资源配比值等。

④游戏关卡设计师：负责游戏场景的设计以及任务流程、关卡难度的设计，包括场景布局、地图结构、角色分布、AI设计等。

⑤游戏剧情设计师（文案设计师）：负责游戏的故事背景、发展过程以及对话等文字性内容的设计，需要有一定的文学基础，与关卡设计师配合设计关卡的运行。

⑥游戏脚本策划师：负责脚本程序的编写，与程序员相似，但又不同，还要负责游戏概念的设计，是游戏设计的执行者。[2]

① 刘清堂. 数字媒体技术导论（第2版）［M］. 北京：清华大学出版社，2016.
② 刘清堂. 数字媒体技术导论（第2版）［M］. 北京：清华大学出版社，2016.

▍第四节　数字出版产业链

随着商业的不断发展，单一的企业往往很难完成所有环节的工作，因此企业必须加强分工合作。由数字出版产业中的企业形成的产业链贯通了数字出版的整个活动。

一、出版产业链及数字出版产业链的含义

出版产业链是指以出版价值链为基础的具有连续追加价值关系的出版关联企业组成的企业联盟。简言之，出版产业链就是出版关联企业基于出版价值增值活动所组成的企业联盟。

基于对出版产业链的认识，可以将数字出版产业链定义为"数字出版关联企业基于数字出版价值增值活动所组成的企业联盟"。具体而言，数字出版产业链是数字出版产业纵向分工活动的表现形式，是数字出版关联企业形成的一种产业空间组织形式，是由具有数字出版价值增值关系的价值环节组成的功能网链，是产业关联关系的一种体现。

二、数字出版产业链的主体构成要素

数字出版产业链中存在着众多构成要素，三个主体要素分别为内容提供商、内容出版商和技术服务商、内容分销商和终端设备商。

（一）产业链上游：内容提供商

内容提供商是对产品与服务进行开发和生产的提供商，即数字版权的拥有者，以原创作者、通过版权贸易或版权合作获得数字版权的出版社为主。

（二）产业链中游：内容出版商和技术服务商

目前，数字出版产业链的内容出版商除了纯数字出版商外，还有混合型和集成型两种类型的出版商。纯数字出版商即出版纯数字产品的出版商，往往专攻某一领域；混合型出版商由传统出版商转型而成，以传统出版社、报社等为主，他们也开展传统刊物的数字出版业务，这些出版商的内容优势突出，但思维与技术较为落后；集成型出版商专门从事集成发布业务，提供将传统出版产品转化为数字出版产品的技术服务和平台服务，如中国知网、北京超星公司等。在我国数字出版产业链中，集成型出版商占主导地位。

技术服务商主要包括应用系统开发商、平台技术提供商和终端设备技术提供商。应用系统开发商主要负责提供数字内容编审校和格式转换、数字版权保护等方面的系统技术支持，如微软等。平台技术提供商负责平台技术的研发，为数字出版平台的搭建提供技术支持。终端设备技术提供商主要负责提供电子书阅读器、手机等，如亚马逊提供Kindle。数字技术是数字出版的核心，技术服务商在整个数字出版产业链当中占主导地位。

（三）产业链下游：内容分销商和终端设备商

内容分销商负责将产品与消费者进行对接。按照分销方式划分，产品与服务分销商主要可以分为批发分销商、自营分销商、电子书店。批发分销商是对数字出版产品进行批量转移销售的专业机构，这种分销方式在国内比较少。自营分销商是对自己的产品和服务进行销售的出版商、技术提供商，如新华E店就是新华书店自建的数字出版产品分销平台。电子书店是电子书在线阅读或下载的平台，如盛大集团的云中书城。除此之外，也有一些既销售传统出版产品，又销售数字出版产品的网上书城，如当当网等。① 终端设备商指移动阅读器提供商，如提供Kindle的亚马逊、提供iReader的掌阅，也指阅读App提供商，如提供豆瓣阅读的豆瓣、提供微信阅读的腾讯等。②

三、数字出版产业链的具体内容

（一）数字出版产业链是数字出版产业纵向分工活动的表达

产业链是产业纵向分工的一种体现，从其纵向分工关系看，数字出版产业链包括内容的创作与生产、内容的数字化加工处理、数字出版分销平台的搭建、内容的发布活动等，以及在此过程中涉及的支撑辅助活动。概括来讲，以上分工活动可以归结为数字出版产品与服务的生产与市场分销两项基本的活动，数字出版产业链的分工主要就是围绕资源生产和市场分销展开的。

（二）数字出版产业链是数字出版关联企业产业空间组织形式的表现

数字出版产业链是数字出版关联企业在一定的产业集聚区域内形成的战略联盟关系。从关联企业角度而言，数字出版产业链是以数字出版产品与服务提供商为源头、数字出版技术开发商与平台提供商为支撑、数字出版产品与服务分销商为渠道，通过终端阅读设备为用户提供服务的企业联盟组织。从当前的发展情况来看，主导数字出版产业链发展的主要是技术开发商和平台提供商，而它们之中，到底由谁主导数字出版产业链，则取决于其掌握和应用数字技术的能力。

（三）数字出版产业链是价值环境组成的功能网链

产业链是具有连续追加价值关系的活动依附于一定的产业环节所构成的价值链关系。不同的产业环节，也即不同的价值活动环节，按照其资源禀赋条件及在产业链中的地位共同为产业链的价值增值贡献力量，并由此构成了一个基于价值链关系的功能网链。在这些产业环节中，有的价值活动属于核心环节，对产业链的价值创造活动贡献最大，因此成了上述所说的产业链的"链主"。

在传统出版产业链"编、印、发"三位一体的产业环节中，上游的策划、出版环节以及下游的发行环节属于出版产业链的高端，其附加价值较之产业链中游的印刷环节更高，其价值丰度曲线类似于微笑曲线。然而在数字出版产业链中，由于印刷环节的退出，产业链的基本价值活

---

① 张斌. 论数字出版产业链的形成与演化［J］. 出版广角，2021（05）：33-35.

② 参见：吴志海，邓婷燕. 数字出版产业链构成要素及合作模式研究［J］. 情报探索，2019（02）：18-23.

动由资源生产与市场分销两个核心环节取而代之，其价值丰度也随之发生改变，而不再适用微笑曲线。

（四）数字出版产业链是数字出版关联企业关联关系的体现

数字出版产业链是数字出版关联企业关联关系的一种体现，并突出表现在技术关联上。纵观出版业历史上每一次革命性的变革，从简牍、帛书到纸张，从雕版印刷到活字印刷再到当前的数字化按需印刷，无一不是技术推动的结果。技术的作用在数字出版产业中尤为明显。

由于数字技术的应用，印刷环节退出导致了传统出版业务流程的改变。技术商和平台商强力介入资源生产与市场分销环节，不仅重新定义了传统出版商和发行商的地位和作用，改变了关联企业的角色地位，也改变了企业的关联关系，最终形成了一个全新的数字出版产业链。可见，作为出版业与IT业结合产物的数字出版产业，技术联系既是实现出版业与IT业结合的纽带，也是数字出版产业链关联关系的主要方面。

四、数字出版产业链的类型

数字出版产业链主要分为以下三种类型：数字大众出版产业链、数字教育出版产业链、数字学术出版产业链。

（一）数字大众出版产业链

从当前数字大众出版领域的发展情况来看，既有如网络文学这类经由作者到网络文学平台商后直接面向消费者的发展模式，也有从内容提供商向电信运营商以及终端设备商延伸，最后到达消费者的发展模式，还有大众消费类数字出版产业链中串联创作者、内容提供商、数字经销商、数字零售商，最终到达读者的发展模式。

在数字大众出版产业链的纵向关系结构中，上游主要是提供内容资源的作者与传统出版单位；中游主要是平台商、电信运营商以及终端设备商等内容分销商；下游主要是读者或消费者。

大众消费类出版商品（包括数字出版产品）具有需求分散、弹性高等特质，这决定了其分销环节在产业链的地位。长期来看，大众数字出版产业的价值将主要体现在多种分销渠道上，包括线上与线下、多种终端类型等渠道。综上，如果要对数字大众出版产业链的类别归属进行定义，其应属于渠道主导型产业链。

（二）数字教育出版产业链

在数字教育出版产业链中，教育出版商作为教育内容资源及服务的提供者，向产业链最终形成的产品提供必需的教育内容资源。技术提供商为内容的深度开发与整合、个性化教学服务的生成、发布平台的搭建等提供必要的技术支撑，在此过程中，有的教育出版商直接兼并技术企业跃升为技术商，有的则选择技术外包。最终生成的数字教育出版产品及服务，可以通过在线平台发布，也可以通过阅读终端设备直接提供给消费者。教育出版商往往兼营在线发布平台，部分甚至直接涉足数字教育终端设备的研发生产。

内容提供商、技术提供商、平台与设备商等为实现向数字教育出版用户提供个性化教育服务的目标，合力为数字教育出版产业链最终产品的生产投入相应资源。从这个意义上讲，数字教育出版产业链是服务主导型产业链。

（三）数字学术出版产业链

武汉大学方卿教授认为，在学术出版领域，谁大量占有由各学科一流学者产出的高端学术内容资源，也就占领了学术出版的制高点。当前科研人员对学术资源的需求已不再局限于某一学科领域，而学术出版用户多以组织用户为主，这就要求学术出版商具有较高的内容集成度，这样才能满足用户的需求。由此可见，对学术内容资源的追逐与大量占用是数字学术出版当前主要的发展模式。

在数字学术出版产业链中，就欧美国家的情况而言，高端的学术内容资源被大量掌握在大型学术出版商手中，例如爱思唯尔（Elsevier）、汤姆森路透（Thomson Reuters）、威科集团（Wolters Kluwer）及施普林格（Springer）等传统学术出版商。它们掌握大量的学术内容资源，并积极实行数字化转型，极力打造数字学术出版平台，在数字出版时代依然牢牢占据学术出版市场的领军者地位。就国内的情况而言，虽然传统出版商仍握有作者的版权授权，但是大量的学术内容资源掌握在中国知网、万方数据、维普网、超星等平台商或集成商手中。虽然欧美国家的学术出版商与国内的平台商身份不同，但就其在产业链中承担的角色而言，两者均可被称为内容的集成发布商，均拥有学术内容资源的网络出版与传播权并能集成发布。区别在于前者直接获得作者授权，后者则从学术出版单位手中获得授权。由此可见，数字学术出版产业链是一种由内容主导的产业链，即由数字版权获授方主导产业链。[①]

---

① 曾元祥. 数字出版产业链研究［M］. 武汉：武汉大学出版社，2018.

第二篇

实

践

篇

第三章
数字出版设计基础

第一节　版式编排设计

在信息爆炸的当下，传递和表达信息变得越发重要。版式编排设计是现代设计的重要组成部分，是视觉传达的重要手段。版式编排设计基于对形、色、空间和动势等视觉要素和构成要素的认识，对它们的组合规律、各种表现可能性及其与内容的关系进行探讨，广泛应用于书刊、报纸、招贴、广告等领域。

一、版式编排设计的概念和意义

版式可以解释为版面的格式，编排是将特定的视觉信息要素，包括文字、图形、图片、色彩、符号等在版面中进行编辑和安排。编排是制作和建立有序版面的理想方式。因此，版式编排设计是指根据主题表达的要求，在有限的版面空间里将诸多视觉要素进行有组织、有秩序的编排组合，使画面产生新的形象和风貌。版式编排设计对于出版物版面有着重要意义，出色的版面设计通过对版面内容的合理组织及对各要素的合理编排，使得版面的视觉表达具有更好的易读性和更强的信息传达效果。

二、版式编排设计的原则

（一）突出设计主题

设计主题一般位于版面的重点视觉区域，是版面的精髓所在。只有做到主题鲜明突出、一目了然，才能最大限度地提升版面的吸引力，达到版面构成的最终目标。主题鲜明突出，是设计思想的最佳体现。

（二）提升版面美感

将文字、图形、图片、色彩、符号等元素通过点、线、面组合与排列，并采用夸张、比喻、象征的手法来体现视觉效果，使版面内容的传递更具艺术性，达到意新、形美的目的，让读者能从中获得美的享受。

（三）趣味性与独创性

版面构成中的趣味性，主要是指一种活泼的版面视觉语言。可采用寓言、幽默和抒情等表现手法来体现趣味性。

独创性，实质上是指突出个性化特征。鲜明的个性，是版面构成的创意灵魂。版面构成中多一点个性而少一些共性，多一点独创性而少一点一般性，才能赢得读者的青睐。

（四）统一性与协调感

形式与内容的统一要求版面最终效果必须符合设计的主题思想，这是版面构成的根基。只有合理地统一形式与内容，强化整体布局，才能提升版面的悦目度和阅读的愉悦性。一个优秀的版式设计会在不露痕迹的情况下将所有的编排要素融合到一个整体中，以整体的形式和张力传递出视觉信息。

协调感是指各种编排要素在版面中的结构以及色彩上的关联性，是使版面具有秩序美、条理美，从而产生良好的视觉效果的关键。①

三、版式编排设计的构成要素

任何的设计形式，在视觉空间上都是由点、线、面这三种基本元素构成的。点、线、面是版面编排的主要语言，不论多么复杂的版面，归根结底都可以简化归纳为点、线、面的构成。在版面中，点一般是指较小的形象，比如一个字母、一个小色块、一个很小的图形等；而线往往是指一行文字、一条空白或一条色带等；许多文字的集合或数行字的组合可以看成是面，一张图片也可以看成是面。

（一）版式编排设计中的点构成

点是版面中最基本的要素，具有内在稳定性和大小形态上的属性。在版面中，点的表现形式是多样的，可以是单个字母、小幅的图像或者是其他任何具有相似特征的版面元素。点是指版面中较小的形象，也就是说点给人的感觉是相对而言的。点有各种形状，起着平衡、丰富、活跃版面的作用，不同大小、方向及位置的点，在版面上会形成多样的视觉效果，由此带给人不同的心理感受。

点可以表现为焦点，成为版面的视觉中心，也可以配合其他视觉元素，起到均衡版面的辅助作用。组合起来的点，随着排列秩序和数量的变化可以转化为线或者面，成为版面的肌理或者

---

① 参见：周逢年，张媛，薛朝辉. 版式设计［M］. 南京：江苏美术出版社，2013.

视觉的重要组成部分。当多个点按照某个路径排列就会形成线的感觉，这便是点的线化。点的线化能平衡版面构成，使版面具有充满动感的视觉效果；点的面化是将点按照平面或者曲面进行排列，使版面具有大小、深浅的变化。点的面化还能增强版面层次感，有利于信息的直观表达，使版面更形象，更富有立体感。

版式编排设计中点的变化是非常灵活的，其编排方式主要有密集和分散两种类型。密集型编排是将数量众多的点聚集在一起，使版面具有较强的视觉注目度；分散型编排是运用剪切或分解的基本手法破坏整体形态，破坏后所形成的新的构图效果就是点的分散型排列。

（二）版式编排设计中的线构成

线在形态上介于点和面之间。线在版面上有位置、长度、宽度、方向、形状和情感上的属性，起着连接、分割、平衡版面的作用。在形态上，线分为直线和曲线。直线和曲线直接决定了版面的视觉基本趋势。在性质上，线包括实线和虚线。实线包括版面中显性线的形态。虚线在版面中是隐形的，是版面中各元素彼此呼应形成的潜在的视觉联系，是不可见的，比如版面中潜在的网格线。这种隐形的线通过相似性被人们感知，是一种微妙的视觉布置。

除了参与视觉元素的造型设计，线还可以主导或辅助版面的结构，起到界定、连接、分割版面的视觉作用。线的分割使版面呈现良好的视觉秩序，同时也让版面产生空间层次感。分割版面时应充分考虑元素间的主次关系，保证版面良好的秩序感，以获得协调的版面效果。

1. 等量分割

等量分割是指分割出来的每个部分的分量相同。这种分割方式对于形状没有严格的限制，且形式富于变化。等量分割又可分为等形等量分割和不等形等量分割。

等形等量分割后的版面在形状和面积上大致相等，这种版式结构较为严谨，给人一种和谐、统一的视觉效果。不等形等量分割由于没有形状的限制，表现出更强的结构灵活性和编排自由性，给人一种秩序上的平衡美感。

2. 图文分割

图文混排是版式编排设计中最常见的组合方式。图文混排首先要保证图文不能互相干扰，以免影响版面的统一性和阅读的流畅性，因此需要对图文进行一定的区分，以使版面获得流畅、清晰的秩序，更富有条理性。

3. 线的引导作用

线可以引导人们的视线按照一定的方向进行移动，使版面元素联系更紧密，也使阅读更流畅。线的引导性有利于制造版面的新鲜感。需要注意的是，线的指示位置一定要明确，不然很难让人理解；同时还要统一线的角度和长度，尽量使其保持一致，以使版面显得更加整齐、统一。[①]

（三）版式编排设计中的面构成

面在版面中指有明显长度和宽度的形象，如一张图片或一块文字的集合，由于它占有的面

① 骆媛，陆晶，李淼. 版式设计 [M]. 北京：中国时代经济出版社，2013.

积最多，所以在视觉上比点、线要强烈。同时，面也是各种基本形状中最富有变化的。面包括几何形态和自由形态两类。几何形态呈现出富有秩序与韵律的视觉感受，而自由形态更为活泼和主动。同时，面也具有大小、色彩、肌理等变化，是版面风格的决定性因素。在版面中，面可以表现为大幅图像、夸张的视觉符号或者文字，也可以表现为背景或空白的虚面。

1. 面的分割构成

将一张或多张图片进行分割，使其整齐有序地排列在版面上，这样分割编排的版面极具整体感和秩序感，给人稳定、锐利、严肃的视觉效果。

2. 面的情感构成

面可以用来塑造多重情感，展现出不同的性格和丰富的内涵，给人稳重、强势、开阔、立体、饱满等视觉感受。

（四）版式编排设计中的空间表现

我们生活在一个三维立体的空间，而版面编排是在二维空间里进行的。立体与空间是一种虚拟的视觉表达，是版面元素通过一定规律和光影变化手段营造出来的。对于体积关系与空间层次的感受，源于我们对生活中视觉经验的掌握，我们将这种经验运用到版式编排设计中，使版面具有远、中、近的层次感，也使得虚拟的体积关系和空间可以在二维空间里得到视觉表现，带给人有趣的感受。

而对于书籍、包装和展示等形态的版式设计而言，立体与空间是真实存在的设计环境，编排必须符合这种设计环境的特性，将处于立体和空间内的视觉元素有机结合，从而形成有序合理的体积与空间表达。

版面是不同元素合理搭配形成的。除了基本的点、线、面构成元素外，版面空间也是重要的编排构成元素。

1. 比例关系形成的空间层次

比例关系的空间层次是由构成元素的面积大小决定的。版式编排时应将主体形象放大，次要形象缩小，突出版面主体，形成良好的主次、强弱的空间层次关系，使版面节奏明快，富有韵律感。

2. 位置关系形成的空间层次

位置关系的空间层次是由文字与图形的前后、上下排列产生的。版式编排时应将重要的信息安排在注目度高的位置，其他信息则编排在注目度相对较低的位置，从而形成版面的空间层次感。此外，通过对版面元素的叠压编排，也能形成很强的层次感，但信息的注目度却相对较低。

3. 色调明暗关系形成的空间层次

色调明暗关系形成的空间层次是由黑、白、灰色调所形成的远、中、近的空间层次。无论是有色还是无色版面都可以归纳为黑、白、灰的空间构成。一般来说，版面中给人感觉最强烈的是白色，其次为黑色，而灰色给人的感觉最迟钝，所以可以认为白色是版面的近景，灰色为中景，黑色为远景。

4. 肌理形成的空间层次

肌理空间层次主要表现为肌理的粗细、质感与色彩的变化，不同的肌理能拉大平面层次，使版面富有立体感。[①]

第二节　字体设计

一、字体设计原则

字体是指文字的风格样式，是文字的外在表现，不同的字体代表不同的风格。如中文宋体给人以大方、典雅的感觉；黑体则给人简洁、明了之感；而手写字体富有更强的自由性，带有强烈的感情色彩。不同字体的不同造型，同一文字的不同编排，都会传递出不同的情感意味。因此，要根据版面的具体风格和设计主题来选择合适的字体，使版面的文字与内容协调统一，同时也使情感表达更为顺畅。

总的来说，不同的字体设计，无论是手写体、印刷体还是其他变体字，都应该遵循字体设计的三个原则：

（一）语义性

文字是语言的物化形式，目的在于传递信息，因此，字体设计无论怎么变化，都应该准确体现出文字内容的语义信息。好的字体设计常常以富有感染力的方式引导受众关注文字指向的内容。

（二）可识别

要准确地传达语义信息，字体设计就必须符合文字的字形特点。无论如何调整笔画曲直、如何界定结构空间，设计完成后，在字形上都应该做到清晰正确，避免传递错误信息。

（三）视觉性

设计字体不仅要表现出笔画的结构特点，而且要传递出独特的精神气质，引起观者视觉上的关注。[②]

二、字体类型

一般来说，表意文字的造型主要基于字的骨架结构，构造骨架的线条是字体变化的关键，如

---

① 骆媛，陆晶，李淼. 版式设计 [M]. 北京：中国时代经济出版社，2013.
② 周逢年，张媛，薛朝辉. 版式设计 [M]. 南京：江苏美术出版社，2013.

中、日、韩等东方语系的文字。表音语系文字的造型主要基于字母结构，其造型大都以水平线为基准，字体设计主要围绕平行线的位置进行改变，如欧美等西方语系的文字。

（一）东方语系的字体类型

东方语系的文字以汉字为主。从古至今，汉字经历了甲骨文、金文、大篆、小篆、隶书、楷书、草书、行书等诸种变化，形成了较为稳定的文字系统。在一般的电脑字体库中，有宋体、黑体、圆体、书体等几大类。其中宋体类又可分为粗宋、细宋、中宋、宋体、仿宋等字体；黑体类又可分为粗黑、细黑、中黑、黑体、雅黑等字体；圆体类又可分为粗圆、细圆、中圆、特圆等字体；书体类又可分为隶书、楷书、行楷、行书等字体。

（二）西方语系的字体类型

西方语系的文字类型以字母文字为主。其字体大致可分为衬线体、无衬线体、哥特体、手写体、装饰体等几种类型。其中衬线体又可分为支架衬线体、发丝型衬线体和板状衬线体。无衬线体是受板状衬线体的影响发展出来的一种新字体。

（三）字体的搭配组合

字体的搭配组合，一方面要避免字体风格的抵触，造成视觉上的混乱；另一方面又要区分出层次，避免版式上的单调。一般而言，字体搭配可遵循以下规则：

（1）在一组风格统一的设计作品中，字体种类不宜过多，最好不要超过三种，以免在视觉上难以协调。

（2）同类字体可通过改变线条粗细、大小和色彩获得丰富多样的效果。

（3）标题文字可以宽粗多变，正文字体则应单一简洁，便于阅读。

（4）应有效安排文字编辑的外部空间。

（5）字体的选择与图形的选择应存在某种程度的契合。

特定字的设计多种多样，应根据字的意象品格，通过丰富的联想，别出心裁地展现文字以及主题的内涵。设计特定字时既可以在印刷体的基础上进行局部调整以创造新的式样，比如加强、减弱或者弯曲局部线条，或是调整结构空间的外形以及疏密布局；也可以从美化的角度出发，将文字的外形与自然物象的形态相结合，比如添加一些具象性图形来形成半文半图的效果，形成一种新的视觉印象。[1]

三、字号、字距及行距

（一）字号

字号指字的大小，具体是指从文字的最顶端到最底端的距离。计量字体大小的制度有号数制、级数制和点数制，其中号数制是最常用的。一般来说，文字大小比率越大，版面就越显动感

① 周逢年，张媛，薛朝辉. 版式设计 [M]. 南京：江苏美术出版社，2013.

和变化；文字大小比率越小，版面就越显平稳和安静。当标题字号是正文字号的两倍左右时，呈现出来的视觉感受就会比较舒服。

（二）字距

字距是指字与字之间的距离，体现的是一种十分微妙的关系，也是文字编排的重要组成部分。它不仅关系到阅读的方便性，还能体现出版面风格。出于设计的需要，版面中的字距经常被有意拉大或缩小。字距越大，单个字的独立性就越强，同时一行文字的字数越少，视感就越轻松，容易产生典雅精致的视觉效果，但缺点是阅读的速度会减慢。字距越小，视感就越紧密，整合的效果就越强，缺点是容易产生混淆不清的视觉效果。

（三）行距

行距是指每行文字间的距离。按照一般的要求，行距略大于字距，才能让人获得良好的阅读效果和视觉效果。行距大小得当有助于清晰流畅的阅读，若行距过宽，视觉的连续性会受到影响；若行距过窄，上下的文字会互相干扰，造成视觉上的混乱。行距的设置并不是固定不变的，应根据具体情况来把握，只要在整体节奏上保持一致并使人在视觉上感到舒适即可。

四、文字的编排形式

文字的编排，一要遵循视觉均衡的原则，即字符应在视觉上对齐，字与字之间、行与行之间应以视觉习惯进行间隔；二要注意文字编排应与文本内容保持恰当的联系；三要注意文字编排的节奏感，使文字易读且富有韵味。目录的编排设计应重点突出，导航清晰。

（一）左右对齐

左右对齐是指文字从右端到左端的长度统一。这种文字组合使字群齐整、严谨而美观，是最常见的排版格式。对文字进行左右对齐的编排时应注意对两端连字符号的处理。左右对齐的版式又可分为横向排列与纵向排列两种。

（二）齐左与齐右对齐

齐左或齐右对齐的编排方式追求的是文字一端的对齐，这种文字编排方式能使结构松紧有度、虚实结合，同时参差不齐的文字组合使版面充满节奏感。这种对齐方式使文字在行首或行尾产生一条自然的垂直线，使版面在变化中给人一种规整的视觉效果。

齐左对齐的文字编排方式更加符合人们的阅读习惯，给人亲切自然之感，使阅读更加顺畅、轻松。齐右对齐的编排方式与人们的视觉习惯相反，使人觉得阅读起来不太方便，但这种对齐方式会使版面显得新颖、有格调，具有强烈的现代感。

（三）行首与行尾对齐

行首对齐时，横排一般齐左，竖排一般齐头，行尾不必对齐，可以随意一些。读者一般都是从左至右、从上到下进行阅读，行首对齐不会影响阅读的顺畅度，并且由于行尾的不拘一格，可以形成错落有致的节奏，使版面不至于过分呆板。

行尾对齐时，横排一般齐右，竖排一般齐尾，行首不必对齐。这种对齐方式一般结合图形使用，适用于文字较少的设计。

（四）居中对齐

居中对齐是指文字的排列以版面的中心线为准，左右两端的文字字距大致相等。这种文字排列方式使视线更加集中，中心更为突出，加强了版面的整体感，带来简洁、庄重而优雅的视觉感受。

▎第三节　色彩选择

相对于文字与图形，色彩与视觉发生的关系更直接、更迅速。当眼睛遇到新物体时，首先获得的就是色彩印象。色彩搭配合理，视觉上就比较舒服；色彩过于刺眼，心理上就会产生抵制；色彩对比过弱，视觉上就比较消极。

一、色彩在版式编排设计中的作用

在版式编排设计中，色彩既可以传递情感，也可以制造不同的视觉效果；既可以用于文字以加强区分度，也可以用于图形以增加其表现力。色彩在版式编排设计中的作用有以下几点。

（一）情感作用

不同的色彩或同一种色彩处于不同的环境，会带给人们不同的心理感受：或华丽或质朴，或明朗或深邃。在版式编排设计中，只有充分理解和运用色彩的特点和属性，才能更好地体现设计意图，突出设计主题。

（二）象征意义

色彩的象征意义主要受社会环境或生活经验的影响，例如红色使人产生喜庆与积极的感觉，而黑色则给人庄重、肃穆之感。在版式编排设计中，通过运用色彩的象征意义可以更好地体现设计主题。

（三）强调重点

通过选用不同的色彩，利用色彩在色相、明度、纯度上的差异对版面内容进行有效区分，可以使重要信息从版面众多元素中脱颖而出，达到引人注目的目的。[1]

二、色彩三要素

正常人的眼睛可以分辨出上万种不同的色彩，主要依据的是色彩的色相、明度和纯度之间的

---

[1] 骆媛，陆晶，李淼. 版式设计［M］. 北京：中国时代经济出版社，2013.

关系，因此，色相、明度和纯度被称为色彩的三要素。

（一）色相

色相是色彩的首要特征，是色彩呈现出来的质的面貌，也是一类色彩区别于另一类色彩的基本立足点。自然界中的色相无限丰富，如胭脂红、浅铬黄、紫罗兰、宝石绿、普蓝、银灰等。一般来说，为了便于归纳色彩，会将具有共性因素的色彩归为一类，如把朱红、镉红、胭脂红、玫瑰红和土红等归为红色系等。色相秩序的排列通常依据太阳光谱的波长顺序，即红、橙、黄、绿、蓝、青、紫。在牛顿色环中所取的颜色一般是各系色彩中最突出的、纯度最高的典型色相。

（二）明度

明度是指色彩的明暗程度。明度由光的振幅决定。振幅宽亮度高，振幅窄亮度低。就色相而言，以各系的标准色为准，黄色的明度最高，紫色的明度最低。在同类色中，越接近白色明度越高，越接近黑色明度越低。明度高的色彩会给人以明快、优雅、活泼之感；明度低的色彩会给人以深沉、厚重、忧郁之感。

（三）纯度

纯度即色彩所含的单色相饱和程度，即鲜艳度，也称彩度。从光的角度讲，光波波长越单一，色彩纯度越高；光波波长越混杂，色彩纯度越低。就色相而言，以标准色为准，红色的鲜艳度最高，绿色的鲜艳度最低。因此，在公共场合中，红色的标识常常具有警示意义；而绿色的标识因其色彩柔和，常常与和平、顺利相关。

色彩三要素是色彩最基本的性质，它们相互依存、相互制约，其中任何一个要素发生改变，都会引起色彩个性的变化。

三、版面与色彩

色彩具有鲜明的性格特征，包含一定的象征意义，比如红色给人以热情、力量之感，常用来表现喜庆和革命；蓝色给人以深沉、安静之感，常用来表现理性和纯净；绿色给人以生机勃勃之感，常用来表现和平与生命。除了这些共通的感受，由于生活经验、年龄、性别、风俗习惯和宗教信仰的不同，不同人对色彩还会有不同的情感。在版式设计中，恰到好处地建构色彩关系以及利用色彩的性格特点，不仅可以增强版面的美感，而且可以以更直观的形式传递主题信息。

版式设计中的色相对比：在牛顿色环中，相距越远的色相，对比度越强，视觉上越炫目。其中呈180度相对的两个色相一般是补色关系，对比最强烈，识别度也最高。色环中相邻的色彩色差比较小，对比也比较弱，可以让人获得很强的整体感。以色相对比为主要特点的版式设计，应综合考虑版面的主题、面积、接受者的文化背景和视觉品位，如制作版面中的导读目录时，一般会考虑运用色相的对比。

版式设计中的明度对比：在版面设计中，明度对比的强弱取决于明暗层次的跨度，跨度越大，明暗对比越强，层次就越分明；跨度越小，明暗对比越弱，层次就越微妙细腻。以明度为主的色调可以分为高长调、高短调、中长调、中短调、低长调和低短调等，一般而言，高调明朗清晰，低调沉着厚重。

版式设计中的纯度对比：版面中的纯度对比其实就是色彩鲜艳程度的对比，取决于纯度级别的差异。纯度对比越强，给人的感觉越醒目，如给儿童看的版面；纯度对比越弱，给人的感觉越含蓄。

版式设计中的冷暖对比（又称色性对比）：色彩的冷暖与人们的日常经验有关，一般而言，红、橙、黄容易让人产生温暖的感觉，被称为暖色系；青、蓝、紫容易让人产生凉爽的感觉，被称为冷色系。冷暖只是相对而言的，同为暖色系或同为冷色系的不同颜色，在比较之后也能区分出冷暖关系。

一个版面就像一个乐章，虽然由高低不同的音符组成，但存在一个主要基调。版面的主要基调可以是冷色调，也可以是暖色调；可以是亮色调，也可以是暗色调。设计师需要协调配置各种色彩，使之既有节奏跳跃之美，又有和谐统一之韵。[1]

---

① 周逢年，张媛，薛朝辉. 版式设计 [M]. 南京：江苏美术出版社，2013.

第四章
图像处理技术——Photoshop

Photoshop是目前世界上最优秀的图像编辑和处理软件之一，广泛应用于各个领域。在我们身边，到处都有Photoshop作品的存在，如广告海报、商品包装、摄影作品、时尚写真、交互设计、游戏动漫、视觉创意等，还有网络上常见的聊天表情。另外，高楼大厦、室内空间、汽车家电、衣帽鞋袜的设计都离不开Photoshop。

在这个文化产业蓬勃发展、视觉创意人才急缺的时代，Photoshop是人们表达视觉创意必学的软件之一。

▎第一节　认识Photoshop软件界面

以Photoshop2020中文版为例，默认的Photoshop主界面分为以下几个区域：最上面是菜单栏，其下面是选项栏和文档标签，左边是工具栏，中间是工作面文档区域，右边是面板，如图4-1所示。

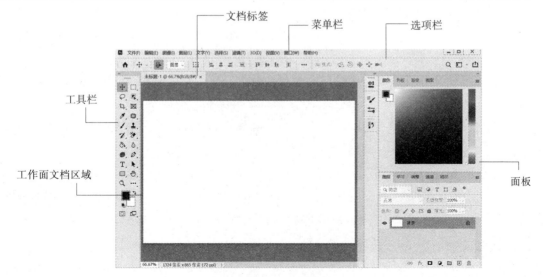

图4—1　Photoshop主界面

一、菜单栏

菜单栏为整个环境下的所有窗口提供菜单控制，包括文件、编辑、图像、图层、文字、选择、滤镜、3D、视图、增效工具、窗口和帮助十二项。使用Photoshop时一般通过两种方式执行所有命令：一是菜单，二是快捷键。

二、工具栏

工具栏中的工具可用来选择、绘画、编辑以及查看图像。拖动工具栏的标题栏，可移动工具栏；单击选中工具或移动光标到该工具上，就能显示该工具的属性。有些工具的右下角有一个小三角形符号，这表示在工具位置上存在一个工具组，其中包括若干个相关工具。

三、工作面和文档标签

主界面的中间窗口是图像窗口，它是Photoshop的主要工作区，用于显示图像文件。图像窗口带有自己的标题栏，提供了文件的基本信息，如文件名、缩放比例、颜色模式等。若同时打开两幅图像，可通过单击图像窗口进行切换。图像窗口切换可使用快捷键Ctrl+Tab。

四、选项栏

选项栏是调节工具参数的面板，例如选择"画笔工具"后，可以在选项栏中调节画笔的大小、模式等。选项栏可以移动，也可以关闭。可以通过"窗口"菜单勾选或取消勾选"选项"，从而开启或关闭选项栏。

五、面板

除了主界面上默认显示的面板之外，还有很多隐藏的其他面板。单击菜单栏中的"窗口"选项，可以激活显示里面所有的面板。面板并不是固定不变的，可以通过拖曳或双击，将它们随意地移动、展开、收起、整合、拆分、放大、缩小等。另外，它们都具有边缘吸附功能，如果拖曳面板至Photoshop文档区域或者其他面板的边缘处，面板会自动吸附。这样整合面板，工作界面就变得很简洁了。

第二节 Photoshop基础知识

一、文件大小

Photoshop中的文件由像素点构成，而文件的尺寸和大小都与像素点总量的多少相关。像素总量=宽度×高度，这是在Photoshop中建立文件时进行设置的，在后续案例中将讲解如何建立文件。

$$文件大小=像素总量×单位像素值（位深度）/8（byte）$$

其中，像素总量为垂直像素×水平像素。单位像素值（位深度）由颜色模式决定，如最常用的RGB模式中1个像素点由24位二进制数表示颜色值；CMYK模式中1个像素点由32位二进制数表示颜色值；而灰阶模式和点阵模式中1个像素点由8位二进制数表示颜色值。由此可见，不同颜色模式的文件，即使图像大小一样，文件大小也是不同的。

二、文件格式

PSD格式是Photoshop自带的源文件格式，可以保留所有图层、色版、通道、蒙版、路径、未栅格化文字以及图层样式等，但无法保存文件的操作历史记录。PSD格式的文件可以直接导入Adobe公司的其他软件产品，例如Premiere、Indesign、Illustrator等。

Photoshop支持多种图片格式，如BMP格式、GIF格式、EPS格式、PNG格式、TIF格式、JPEG格式等。

第三节 Photoshop基础工具及操作

一、图层

（一）功能

图层是创建各种合成效果的主要途径，图层面板如图4-2所示。在不同的图层上可以进行独立的操作并且对其他图层没有任何影响。图层常用的功能包括新建图层、复制图层、删除图层、图层样式等。

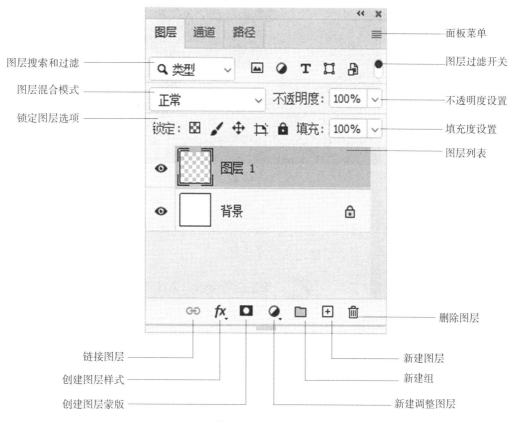

图4-2 图层面板

（左侧标注）
图层搜索和过滤
图层混合模式
锁定图层选项
链接图层
创建图层样式
创建图层蒙版

（右侧标注）
面板菜单
图层过滤开关
不透明度设置
填充度设置
图层列表
删除图层
新建图层
新建组
新建调整图层

（二）案例

案例名称：蓝天白云。

案例说明：使用魔棒工具复制飞机图案，将图4-3、图4-4进行合成。

知识要点：认识图层的概念，掌握魔棒工具的使用方法和图层的应用。

效果图：合成后效果如图4-5所示。

图4-3 蓝天

图4-4 飞机

图4-5 效果图

操作步骤：

①选择菜单"文件"|"打开"，选择素材文件夹中的"plane.jpg"文件和"cloud.jpg"文件，单击"plane.jpg"文件的标题栏使之成为活动窗口。

②在工具栏中选择"魔棒工具" ，单击白色背景，选择菜单"选择"|"反选"，再选择菜单"编辑"|"拷贝"。

③单击"cloud.jpg"文件的标题栏使之成为活动窗口，选择菜单"编辑"|"粘贴"（或用"移动工具"把"plane"文件中选取的对象拖到"cloud"文档中），此时"图层"面板中自动新建"图层1"，如图4-6所示。选择"移动工具" ，将素材拖到适当的位置。

图4-6 图层面板

④点击"图层"面板中"不透明度"100%后面的三角符号，将"不透明度"调整到70%并观察效果。

⑤同时选中"图层"面板中的"图层1"和"背景层"，单击右键选择"合并图层"（或选

择菜单"图层"|"合并可见图层")。

⑥选择菜单"文件"|"存储为",输入文件名"plane 1",文件格式为JPEG,设定图像品质。

二、仿制图章

(一) 功能

仿制图章工具是图片处理过程中常用的工具,用于从图像中取样,然后将取样应用到其他图像或者当前图像上,产生类似复制的效果。其设置栏如图4-7所示。

图4-7 仿制图章工具设置栏

取样方式为按住Alt键的同时在图像上单击鼠标左键,设置取样点,然后松开鼠标,使鼠标移动到其他位置,当再次按下鼠标时,会出现一个十字形标明取样位置,并且和仿制图章工具相对应,拖拉鼠标会将取样位置的图像复制下来。

(二) 案例

案例名称:世界名兰。

案例说明:使用仿制图章工具复制蝴蝶图案,将图4-8、图4-9进行合成。

知识要点:掌握仿制图章工具的使用方法。

效果图:合成后效果如图4-10所示。

图4-8 世界名兰   图4-9 蝴蝶   图4-10 效果图

操作步骤:

①选择菜单"文件"|"打开",选择素材文件夹中的"世界名兰.jpg"文件和"蝴蝶.jpg"文件。

②单击"蝴蝶.jpg"文件的标题栏,使其成为活动窗口。

③选择工具箱中的"仿制图章工具" 🔖。

④按住Alt键(这时鼠标光标的形状显示为橡皮图章的形状),将鼠标光标放置在蝴蝶上,单

击鼠标左键，然后松开Alt键。

⑤单击"世界名兰.jpg"文件的标题栏，使其成为活动窗口。新建"图层1"，在"图层1"上用鼠标在该图片窗口中来回拖动，逐渐把另一图片中的蝴蝶"涂抹"出来。

⑥选择菜单"文件"|"存储为"，保存文件为"世界名兰+蝴蝶.jpg"。

三、绘制图形基本工具

（一）基本工具

1.选区工具

在Photoshop中，要对图像的局部进行编辑，首先要通过各种途径将其选中，也就是创建选区。用选区工具选中所要编辑的区域，就可以移动、复制、填充颜色或者执行一些特殊效果的操作。

选区工具包括矩形选框、椭圆选框、单行选框、单列选框四种基本选区工具。用选区工具可以在画面上画框，确定矩形（正方形）选区、椭圆（圆形）选区等。设置栏如图4-11所示。

图4-11　选区工具设置栏

选区类型包括新选区、添加到选区、从选区中减去、与选区交叉四种，如图4-12所示。通过四种方式的组合，可以绘制出各种形状的选区。

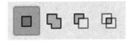

图4-12　选区类型

选区羽化是一种处理图片的工具，如图4-13所示，能对尖锐的、刻板的图片进行棱角模糊化处理，在图像合成中应用广泛，能使多幅图像自然过渡，画质和谐。

图4-13　选区羽化

2.油漆桶工具

工具栏中的油漆桶工具 ，可以根据像素颜色的近似程度来填充颜色，填充的颜色为前景色或者连续图案。设置属性包括模式、不透明度、容差、平滑边缘转换、只填充连续像素、填充复合图像，设置栏如图4-14所示。其中容差属性非常重要，用来控制油漆桶工具每次填充的范围，容差越大，所允许的填充范围越大。

图4-14　油漆桶工具设置栏

3. 渐变工具

工具栏中的渐变工具 ▦ 和油漆桶工具在同一个工具组，该工具用来完成渐变色填充。设置属性包括渐变方式、模式、不透明度、反向渐变颜色、仿色以减少带宽、切换渐变透明度。设置栏如图4-15所示。

图4-15　渐变工具设置栏

单击颜色条编辑渐变色时，可以选择系统设定颜色，也可以根据用户需要自定义渐变颜色，渐变方式分为线形渐变 ▦ 、径向渐变 ▦ 、角度渐变 ▦ 、对称渐变 ▦ 、菱形渐变 ▦ 五种。不同渐变方式，渐变效果也不尽相同。

使用该工具的方法是按住鼠标拖拉形成一条直线，直线的长度和方向决定了渐变色填充的区域和方向。在使用渐变工具时，如果已有选区，则渐变作用于选区之中；如果没有选区，则渐变作用于当前选中的整个图层。

4. 画笔工具

对于绘画编辑工具而言，工具栏中的画笔工具 ✎ 非常重要，其设置属性包括画笔样式、模式、不透明度、流量等，设置栏如图4-16所示。

图4-16　画笔工具设置栏

使用画笔工具可以绘出边缘柔软的画笔效果。画笔的颜色默认为工具栏中的前景色。可以选择工具栏中画笔工具小图标后面的小黑三角，弹出画笔设置面板，根据画笔设置面板选择不同的画笔样式，达到不同的绘画效果。

5. 标尺

标尺是使用Photoshop进行图像处理时重要的辅助工具，能帮助用户进行精准定位。选择菜单"视图"|"标尺"，在画布中显示标尺（或按快捷键Ctrl+R），鼠标光标放在标尺上单击右键可以选择标尺的单位。标尺的坐标原点可以设置在画布的任何地方，只要从标尺的左上角开始拖动即可应用新的坐标原点；双击左上角可以还原坐标原点到默认点。

（二）案例

案例名称：绘制纽扣。

案例说明：使用椭圆选框工具和画笔工具绘制基本图形，利用渐变色进行填充，绘制纽扣。

知识要点：掌握基本图形的绘制、渐变工具和画笔工具的使用方法。

效果图：合成后效果如图4-17所示。

图4-17　纽扣

操作步骤：

①选择菜单"文件"|"新建"，在"新建"对话框中设置文件名称为"纽扣"，图像大小为300像素×300像素，分辨率为72像素/英寸（ppi），颜色模式为RGB模式，内容是白色的图片文件，如图4-18所示。

图4-18　新建文档界面

②选择工具栏中的前景色工具 ，设置前景色为黑色，选择"油漆桶工具" （或按快捷键Alt+Delete），把图片填充为黑色（提示："油漆桶工具"在"渐变工具"的子菜单中）。

③选择工具栏中的"椭圆选框工具"，按住Shift键拖动鼠标，在图片中央绘制一个正圆形选区，如图4-19所示。选择"图层"面板中"新建图层"按钮 ，生成"图层1"。

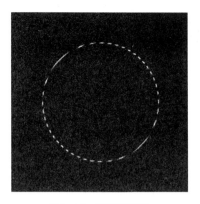

图4-19　正圆形选区

④将该图层的前景色设为粉红色（R：255，G：0，B：255），背景色设为白色（R：255，G：255，B：255）。

⑤选择"渐变工具" ，单击设置栏中的颜色条，弹出窗口"渐变编辑器"，渐变颜色条上第一个色卡为前景色，第二个色卡为背景色，效果如图4-20所示。

图4-20　渐变编辑器窗口

⑥选择"线性渐变"按钮，单击鼠标左键划一条直线，填充渐变色，效果如图4-21所示。此时"图层1"效果如图4-22所示。

图4-21 线性渐变效果

图4-22 图层1效果

⑦同理，新建"图层2"，画第二个圆，渐变效果与"图层1"相反，如图4-23所示。

图4-23 纽扣主体效果

⑧新建"图层3"，选择"画笔工具" ，设置画笔为尖角19像素，设置画笔颜色为黑色，在"图层3"相应位置画四个黑点，"图层3"效果如图4-24所示。

图4-24 图层3效果

四、图层样式

图层样式是Photoshop中一个用于制作各种效果的强大功能，利用图层样式功能，可以简单快捷地制作出各种立体投影、各种质感以及光影效果的图像特效。可以通过选择菜单"图层"|"图层样式"|"混合选项"来进行操作，也可以通过选择图层面板中的图层样式按钮 **fx.** 进行设置。图层样式面板如图4-25所示。

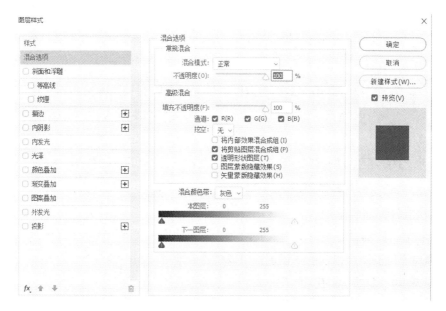

图4-25 图层样式面板

（一）主要的图层样式

1. 投影

投影即给图层上的对象、文本或形状添加阴影效果。投影参数由混合模式、不透明度、角度、距离、扩展和大小等各种选项组成，通过对这些选项进行设置可以得到需要的效果。

2. 内阴影

在对象、文本或形状的内边缘添加阴影，可使图层产生一种凹陷的外观。内阴影效果使用在文本对象上效果更佳。

3. 外发光

给图层对象、文本或形状的边缘添加向外的发光效果，可以让对象、文本或形状更精美。

4. 内发光

内发光即给图层对象、文本或形状的边缘添加向内的发光效果。

5. 斜面和浮雕

斜面和浮雕可以给图层添加高亮显示和阴影的各种组合效果。

6. 光泽

给图层对象内部应用阴影，使其与对象的形状互相作用。通常创建规则的波浪形状，可产生光滑的磨光及金属效果。

7. 颜色叠加

给图层对象叠加一种颜色，即用一层纯色填充到应用样式的对象上。设置叠加颜色时可以打开"选取叠加颜色"对话框选择任意颜色。

8. 渐变叠加

给图层对象叠加一种渐变颜色，即用一层渐变颜色填充到应用样式的对象上。通过渐变编辑器还可以选择使用其他的渐变颜色。

9. 图案叠加

给图层对象叠加图案，即用一致的重复图案填充对象。通过图案拾色器还可以选择其他的图案。

10. 描边

使用颜色、渐变颜色或图案描绘当前图层上的对象、文本或形状的轮廓。对于边缘清晰的形状（如文本），这种效果尤其显著。

（二）图层样式的特点

图层样式被广泛地应用于各种效果的制作当中，其特点主要体现在以下几个方面：

（1）通过不同的图层样式选项设置，可以很容易地模拟出各种效果。利用传统的制作方法难以实现这些效果，或者根本不能制作出来。

（2）图层样式可以应用于各种普通的、矢量的和特殊属性的图层，几乎不受图层类别的限制。

（3）图层样式具有极强的可编辑性，当图层中应用了图层样式后，图层样式会随文件一起保存，可以随时进行参数选项的修改。

（4）图层样式的选项非常丰富，通过不同选项及参数的搭配，可以创作出变化多样的图像效果。

（5）图层样式可以在图层间进行复制、移动，也可以存储为独立的文件，使工作效率最大化。

读者需要在图层样式的应用过程中注意观察，积累经验，这样才能准确迅速地判断出所要进行的具体操作和选项设置。

（三）案例

案例名称：熊猫相框。

案例说明：利用图4-26，使用图层样式制作相框。

知识要点：掌握基本图形的绘制、渐变工具和画笔工具的使用方法。

效果图：如图4-27所示。

图4-26 原始图

图4-27 效果图

操作步骤：

①选择菜单"文件"│"打开"，选择素材"Panda.jpg"文件，用"椭圆选框工具"在图片上绘制一个椭圆形选区，如图4-28所示。

图4-28 建立选区

图4-29 填充镜框颜色

②选择菜单"选择"│"反选"（或按快捷键Ctrl+Shift+I）反选选区，选择·"图层"面板上的"新建图层"按钮 ⊞ ，创建"图层1"（位于背景层之上）；选中"图层1"，用"油漆桶工具" ◇ 为选区填色，选择菜单"选择"│"取消选择"（或按快捷键Ctrl+D）取消选区，如图4-29所示。

③选择菜单"滤镜"│"杂色"│"添加杂色"，效果如图4-30所示。

④选择菜单"图层"│"图层样式"│"斜面和浮雕"（或选择"图层"面板中的"图层样式"按钮 fx. ，选择"斜面和浮雕"），效果如图4-31所示。

图4-30 添加杂色

图4-31斜面和浮雕效果

⑤图片制作完毕。选择菜单"文件"|"存储为"将文件保存为"New Panda.jpg"。

五、滤镜

滤镜主要用来实现图像的各种特殊效果，它在Photoshop中具有非常神奇的作用。所有的滤镜在Photoshop中都按分类放置在菜单中，使用时只需要从该菜单中执行该命令即可。滤镜的操作是非常简单的，但是真正用起来却很难做到恰到好处。滤镜通常需要同通道、图层等联合使用，才能取得最佳的艺术效果。如果想在最适当的时候、在最适当的位置应用滤镜，除了要有一定的美术功底之外，还需要用户对滤镜有熟练的操控能力，以及自身具有丰富的想象力。这样，才能有的放矢地应用滤镜，发挥自己的艺术才华。

（一）滤镜的功能与分类

滤镜是Photoshop中最重要的功能之一，是完成图像处理工作的核心工具，通过参数设计及不同的滤镜组合可以制作出千差万别的图像效果。只有经过长期练习，积累经验，才能通过熟练使用滤镜来准确表达设计思想，达到最佳设计效果。

Photoshop中的滤镜分为两类：一种是内部滤镜，即安装Photoshop时自带的滤镜；另一种是外挂滤镜，需要我们安装后才能使用。说起外挂滤镜，大家经常想到的就是 KPT、PhotoTools、Eye Candy、Xenofex等。Photoshop的第三方滤镜大概有800种以上，正是这些种类繁多、功能齐全的滤镜才使Photoshop受到使用者的青睐。

（二）案例

案例名称：发光字。

案例说明：通过滤镜制作文字特效。

知识要点：了解文字工具的简单使用方法及通过滤镜制作特效的过程。

效果图：如图4-32所示。

图4-32　发光字效果

操作步骤：

①选择菜单"文件"|"新建"，在"新建"对话框中设置文件名称为"发光字"，设置宽度为600像素，高度为250像素，分辨率为72像素/英寸（ppi），颜色模式为RGB颜色，如图4-33所

示。选择"确认"按钮。

②选择工具栏中的前景色工具 ，设置前景色为黑色，选择"油漆桶工具" （或按快捷键Alt+Delete），填充背景色，效果如图4-34所示。

预设详细信息

发光字

宽度

| 600 | 像素 | ∨ |

高度　　方向　　画板

| 250 | | |

分辨率

| 72 | 像素/英寸 | ∨ |

颜色模式

| RGB 颜色 | ∨ | 8 bit | ∨ |

背景内容

| 白色 | ∨ | |

〉高级选项

图4-33　图层设置　　　　　　　　　　图4-34　新建图层

③选择工具栏中的"文字工具" ，输入文字"Shanghai"，设置字体大小为60磅，颜色为黄色，字体为Arial Black。为文字添加波浪样式，设置"弯曲"为＋35％。文字工具设置栏如图4-35所示，文字效果如图4-36所示。

图4-35　文字工具设置栏

图4-36　文字效果

④在"图层"面板中选择文字图层，单击鼠标右键，选择"栅格化文字"，如图4-37所示。

⑤选择菜单"编辑"|"描边",设置"宽度"为3像素,"颜色"为白色,"位置"为居外,如图4-38所示。

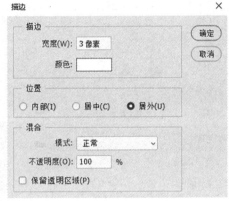

图4-37 栅格化文字   图4-38 文字描边

⑥选择菜单"滤镜"|"模糊"|"高斯模糊",设置"半径"为1个像素。

⑦选择菜单"滤镜"|"扭曲"|"极坐标",选择"极坐标到平面坐标",效果如图4-39所示。

⑧选择菜单"图像"|"旋转画布"|"90度逆时针",旋转画布。

⑨选择菜单"滤镜"|"风格化"|"风",设置方法为"风",方向为"从左",可操作两次,效果如图4-40所示。

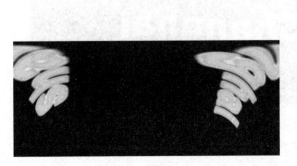

图4-39 坐标变换   图4-40 风格化效果

⑩选择菜单"图像"|"旋转画布"|"90度顺时针"，旋转画布。

⑪选择菜单"滤镜"|"扭曲"|"极坐标"，选择"平面坐标到极坐标"，效果制作完成。

第四节 Photoshop进阶工具及操作

合成图像是图像处理中非常重要的组成部分，在艺术设计中起着重要的作用。在Photoshop中，合成图像是非常重要的一个手段，是达到图像整体融合效果非常重要的一种方法。Photoshop提供了很多工具来实现图像合成的效果。

一、合成图像的主要方法与工具介绍

在图像处理中，用恰当的方法选取所需的图像素材是非常关键的一步。Photoshop提供了若干用于选择图像的工具，也就是我们常说的抠图工具和调整图像的自由变换工具，来帮助用户进行图像合成，主要包括魔棒工具、快速选择工具、套索工具、磁性套索工具、多边形套索工具以及色彩范围等，这些工具基本都集中在工具栏中。图像组合完成后，运用图层、路径以及一些滤镜特效进行适当的调整和修饰，可使图片合成得更加自然。

（一）魔棒工具

工具栏中的魔棒工具 是Photoshop提供的一种比较快捷的抠图工具，对于一些分界线比较明显的图像，通过魔棒工具可以快速地将图像抠出。魔棒工具的作用是知道点击位置的颜色，并自动获取附近区域相同的颜色，使它们处于选择状态。其设置栏如图4-41所示。

图4-41 魔棒工具设置栏

容差：指所选取图像的颜色的接近度。容差越大，图像颜色的接近度就越小，选择的区域也就相对变大了。

只对连续像素取样：指选择图像颜色的时候只能选择一个区域当中的颜色，不能跨区域选择。比如一个图像中有几个相同颜色的圆（它们都不相交），当勾选了"连续"时，在一个圆中选择，这样只能选择到一个圆；如果没勾选"连续"，那么整张图片中相同颜色的圆都能被选中。

（二）快速选择工具

工具栏中的快速选择工具 是智能的，它的效果比魔棒工具更加直观和准确，使用时不需要在要选取的整个区域涂画。快速选择工具会自动调整所涂画的选区大小,并寻找到边缘,使其与选区分离。其设置栏如图4-42所示。

图4-42 快速选择工具设置栏

快速选择工具的使用方法是基于画笔模式的,也就是说利用画笔画出所需的选区。它能根据选区的大小调节画笔大小。

(三)套索工具

套索工具 ○. 可以用来新建任意形状的选区区域。使用方法是按住鼠标拖动,随着鼠标的移动可以形成任意形状的选择范围,松开鼠标后起点和终点闭合,形成一个闭合的选区。它的随意性很大,要求使用者对鼠标有良好的控制能力。套索工具常用来勾出不规则形状的选区,或者为已有的选区做修补。其设置栏如图4-43所示。

图4-43 套索工具设置栏

(四)多边形套索工具

多边形套索工具 ○. 在套索工具组中,可以用来新建多边形选择区域,使用方法是单击鼠标生成直线的起点,移动鼠标,拖出直线,再次单击鼠标,两个落点之间就会形成直线,依次继续,形成一个闭合的选区。多边形套索工具通常用来增加或者减少选择范围,以及对局部选区进行修改。其设置栏与套索工具设置栏相似。

(五)磁性套索工具

磁性套索工具 ○. 在用户拖移鼠标的过程中会自动捕捉图像中物体的边缘以新建选择区域,其设置栏如图4-44所示。

图4-44 磁性套索工具设置栏

其中"宽度"用于定义检索的距离范围,也就是找寻鼠标周围一定像素范围内的区域;"对比度"定义对边缘的敏感程度;"频率"控制磁性套索工具生成的固定点的多少,频率越高,固定选择边缘的速度就越快。

(六)色彩范围

色彩范围是利用图像中的颜色变化关系来制作选区的命令,像一个功能更强大的魔棒。选择菜单"选择"|"色彩范围"弹出色彩范围对话框,如图4-45所示。

图4-45 色彩范围对话框

其中"选择"提供了区域基准色的选取方法，包括取样颜色、高光、中间调、阴影。颜色容差与魔棒工具的容差参数功能一致。选择范围参考预览图，白色表示全部选中的区域，黑色表示没有选中的区域。

（七）自由变换工具

自由变换工具用于对选择的区域进行缩放和旋转等。按快捷键Ctrl+T或选择菜单"编辑"|"自由变换"可执行自由变换命令，此时选择区域会出现矩形框和8个控制点，据此可轻松做到各种变换。"自由变换"的变形功能和菜单"编辑"中的"变换"的变形功能是完全相同的，不论是执行"自由变换"还是"变换"命令，都可通过单击鼠标右键进行切换。

二、综合案例

案例名称：烛光晚餐。

案例说明：使用合成图像工具将素材图片中的元素取出，制作烛光晚餐图。

知识要点：掌握选区、魔棒工具、多种套索工具、色彩范围等抠图工具，熟练运用自由变换、贴入等功能。

效果图：如图4-46所示。

图4-46 合成效果图

操作步骤：

①选择菜单"文件"|"打开"（或按快捷键Ctrl+O），打开"素材1"文件，如图4-47所示。

图4-47 素材1

②选择菜单"文件"|"打开"，打开"素材2"文件，如图4-48所示；选择工具栏上的"缩放工具" 🔍 ，放大视图。

③选择工具栏中套索工具组中的"多边形套索工具" ，沿着盘子和鸡肉的边缘进行拖动，绘制如图4-49所示的选区。

图4-48 素材2

图4-49 鸡肉选区

④选择菜单"编辑"|"拷贝"（或按快捷键Ctrl+C），将选区的范围进行复制并将"素材2"文件关闭。打开"素材1"文件，选择菜单"编辑"|"粘贴"（或按快捷键Ctrl+V），选择工具栏中的"移动工具" ✛ ，将粘贴对象调整到相应位置，注意盘子底部与餐桌的距离，如图4-50所示。

⑤此时粘贴的鸡肉过大，为了使效果更为逼真，选择菜单"编辑"|"自由变换"（或按快捷键Ctrl+T），按住Shift键拖拽变换手柄，等比例缩放图片到适当大小，最后按下Enter键确认，如图4-51所示。

图4-50 放置鸡肉

图4-51 设置大小

⑥选择菜单"文件"|"打开"，打开"素材3"文件，如图4-52所示。

⑦选择工具栏中的"魔棒工具" ✐ ，不断调整容差值，同时按Shift键选取对象，建立杯子选区，如图4-53所示。

⑧用④、⑤的方法将杯子选区复制到"素材1"文件，并调整大小，效果如图4-54所示。

图4-52　素材3　　图4-53　杯子选区　　　　　图4-54　添加饮料杯

⑨选择菜单"文件"|"打开"，打开"素材4"文件，如图4-55所示。

⑩创建蛋糕选区。由于蛋糕以外是同一颜色，可以通过色彩范围来创建选区。选择菜单"选择"|"色彩范围"，弹出的对话框如图4-56所示。

图4-55　素材4　　　　　图4-56　色彩范围对话框

⑪选择"吸管工具"　　，然后单击蛋糕以外的部分，被点中的部分成为白色，调节"颜色容差"数值，并选择"反向"，选中蛋糕，单击"确定"按钮，效果如图4-57所示。

⑫用④、⑤的方法将蛋糕选区复制到"素材1"文件，并调整大小，效果如图4-58所示。

图4-57　蛋糕选区　　　　　图4-58　放置蛋糕

⑬ 选择菜单"文件"|"打开"，打开"素材5"文件。

⑭ 选择工具栏中的"魔棒工具" ，设置"容差"为20，单击酒瓶底部，接着选择菜单"选择"|"扩大选取"，将区域扩大。重复执行多次，如果酒瓶还没有被完全选中，按住Shift键不放，使用"魔棒工具"单击未被选中的区域，直到酒瓶被完全选中，如图4-59所示。

⑮ 用④、⑤的方法将酒瓶选区复制到"素材1"文件，并调整大小，效果如图4-60所示。

图4-59 酒瓶选区

图4-60 放置酒瓶

⑯ 选择菜单"文件"|"打开"，打开"素材6"文件，如图4-61所示。

⑰ 选择工具栏中的"魔棒工具" ，设置"容差"为30，单击酒杯的任一处地方，接着选择菜单"选择"|"选取相似"，将区域扩大。重复执行多次，如果酒杯还没有被完全选中，按住Shift键不放，使用"魔棒工具"单击未被选中的区域，直到酒杯被完全选中，建立酒杯选区。

⑱ 用④、⑤的方法将酒杯选区复制到"素材1"文件，并调整大小，效果如图4-62所示。

图4-61 素材6

图4-62 放置酒杯

⑲ 选择菜单"文件"|"打开"，打开"素材7"文件，如图4-63所示。

图4-63 素材7

⑳ 选择工具栏中的"矩形选框工具" ，选中整个图像，按快捷键Ctrl+C复制，打开"素材1"文件，选择"魔棒工具" ，单击画面的背景区域，选择背景墙选区，如图4-64所示。

㉑ 选择菜单"编辑"|"选择性粘贴"|"贴入"（或按快捷键Alt+Ctrl+Shift+V），将蜡烛贴入背景墙，如果位置不理想，利用自由变换功能进行调整，效果如图4-65所示。

图4-64 背景墙选区

图4-65 蜡烛贴入背景墙

㉒ 选择菜单"文件"|"打开"，打开"素材8"文件，如图4-66所示。使用"磁性套索工具" ，选中筷子盒，如图4-67所示。

图4-66 素材8

图4-67 筷子盒选区

㉓ 将筷子盒选区复制到"素材1"文件，并使用"自由变换工具"调整大小，使用"移动工具" ✛，将其放在相应位置，按住快捷键Alt+Shift，水平复制筷子盒到相应的位置。合成图像制作完毕。

第五章
图形绘制技术——Illustrator

Illustrator是由Adobe公司开发的一款优秀的图形软件，一经推出，便以强大的功能和人性化的界面深受用户的喜爱，并迅速占据了全球矢量插图软件市场的大部分份额，广泛应用于出版、多媒体和在线图像等领域。据不完全统计，全球约有60%的设计师在使用Adobe Illustrator进行艺术设计。

第一节　认识Illustrator软件界面

在学习Illustrator之前，必须对其工作界面有所了解。以Illustrator2020中文版为例，Illustrator的工作界面由菜单栏、文档栏、工具栏、控制栏、属性栏、绘图窗口等多个部分组成，如图5-1所示。

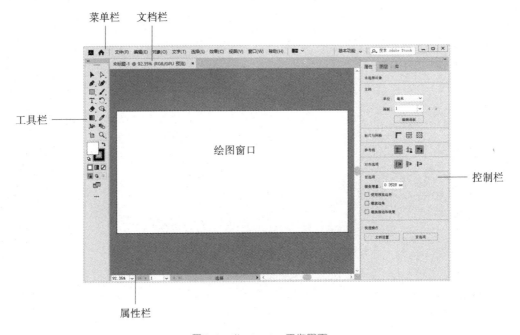

图5-1　Illustrator工作界面

一、菜单栏

菜单栏包括文件、编辑、对象、文字、选择、效果、视图、窗口和帮助九个菜单项，点击任一菜单项，在弹出的菜单中选择所需命令，即可执行相应的操作。

二、文档栏

打开文件后，在文档栏中会自动显示该文件的名称、格式、窗口缩放比例以及颜色模式等信息。

三、工具栏

工具栏中集合了Illustrator的大部分工具。默认状态下，工具栏显示在界面的左侧边缘处，可以通过拖动来移动工具栏。使用工具栏中的工具可以选择、创建和处理对象。在工具栏中单击某一工具按钮，即可选中该工具。如果工具按钮的右下角带有小三角形标志，则表示这是一个工具组。鼠标右键单击该工具按钮，即可打开工具组，所有隐藏的工具都会显示出来，如图5-2所示。

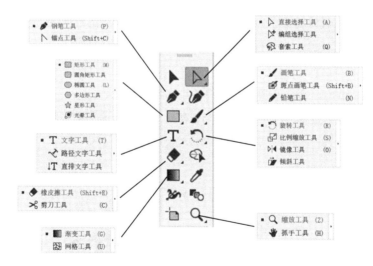

图5-2 Illustrator工具栏

四、控制栏

控制栏主要用来设置工具的参数选项，不同工具的控制栏也不同。

五、属性栏

属性栏提供了当前文档的缩放比例和显示的页面。可以通过调整相应的选项，调整当前工具、日期和时间、还原次数和颜色配置文件的状态。

六、绘图窗口

所有图形的绘制、编辑都是在该窗口中进行的，可以通过缩放操作对其尺寸进行调整。

▌第二节 案例实战：手绘图形

一、基本图形绘制

在Illustrator中可以直接绘制大量的基本图形，包括矩形、圆角矩形、椭圆形、多边形、星形、直线、弧线、螺旋线、矩形网格等，将这些基本图形进行编辑或组合，就能得到更为复杂的图形。通过使用这些工具绘制不同的形状路径，可以创建丰富的图形效果。在绘制中如果使用基本图形与Shift键和Alt键组合，可以得到不一样的效果。

案例名称：绘制标牌。

案例说明：使用图形工具、新建画笔命令绘制标牌。

知识要点：使用椭圆工具绘制椭圆；使用新建画笔命令新建画笔；使用文字工具输入文字；使用排列命令将文字后移。

效果图：如图5-3所示。

图5-3 标牌效果图

操作步骤：

1．定义新画笔

①按住快捷键Ctrl+N新建一个文档，在弹出的"新建文档"对话框中设置图像大小为210mm×297mm，方向为竖向，分辨率为72像素/英寸（ppi），颜色模式为CMYK模式，选择"创建"按钮。

②选择"椭圆工具" ，按住Shift键的同时，在页面中绘制两个白色圆形。选择"选择工具" ，选取所有图形。选择菜单"对象"|"复合路径"|"建立"。

③选择"矩形工具" ，在页面中绘制两个白色矩形，效果如图5-4所示。选择"选择工具" ，使用圈选的方法将图形同时选取，按快捷键Ctrl+G将其编组，如图5-5所示。

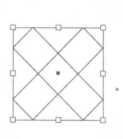
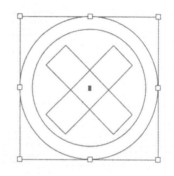

图5-4 绘制矩形　　　　　　图5-5 选中对象

④选择"椭圆工具" ，在圆环中心绘制一个与内环大小相同的圆形，设置填充颜色为红色（C：0；M：100；Y：100；K：0），填充图形，设置描边颜色为"无"。选中此图，单击鼠标右键，选择"排列"，置于底层，如图5-6所示。

⑤用相同的方法绘制多个图形并分别拖曳到适当的位置，如图5-7所示。

图5-6 填充颜色　　　　　　图5-7 复制图形

⑥选择"选择工具" ▶，选取所有图形。选择菜单"窗口"|"画笔"，弹出"画笔"控制面板，选择"画笔"控制面板下方的"新建画笔"按钮 ▣ 。

⑦弹出"新建画笔"对话框，选择"图案画笔"选项，如图5-8所示。

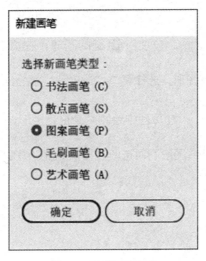

图5-8　选择画笔类型

⑧选择"确定"按钮，弹出"图案画笔选项"对话框，定义图案画笔，如图5-9所示。

图5-9　定义图案画笔

⑨选择"确定"按钮，选取的图形被定义为新画笔，如图5-10所示。

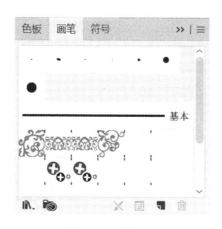

图5-10 画笔面板

2. 绘制标牌

①选择"圆角矩形工具" ，在页面中绘制一个圆角矩形，在工具栏中设置填充颜色为黑色，填充图形，并设置描边颜色为"无"。

②双击"旋转工具" ，弹出"旋转"对话框，设置"角度"为15°，如图5-11所示。

③选择"确定"按钮，效果如图5-12所示。

图5-11 旋转参数设置　　　　　　图5-12 圆角矩形旋转效果

④用相同的方法绘制另一个圆角矩形并拖曳到适当的位置，如图5-13所示。

图5-13 圆角矩形重叠效果

⑤选择"选择工具" ，选取所有圆角矩形，在"画笔"面板中选择设置的新画笔。

⑥用画笔为图形描边，适当调整描边画笔的大小，效果如图5-14所示。选择"文字工

具"，单击椭圆形的中间，出现一个闪烁的光环，输入需要的文字。选择"选择工具"，在属性栏中选择合适的字体并设置文字大小，如图5-15所示。

图5-14 描边效果　　　　　　　　　　图5-15 添加文字

⑦选择"选择工具"，选取文字，设置填充颜色为红色（C: 0; M: 100; Y: 100; K: 0），填充文字。

⑧选择"选择工具"，选取文字，按住Alt键的同时，用鼠标选中文字并向外拖曳，复制文字，效果如图5-16所示。

图5-16 复制文字

⑨选取复制出的文字，并填充文字为黑色。选择菜单"对象"|"排列"|"后移一层"，将复制出的文字置于原文字的下方，并调整其位置，标牌绘制完成。

二、混合工具

在Illustrator中可使用混合工具对线条、颜色和图形进行混合，在两个或者多个图形对象之间产生一连串连续变换的图形对象。混合工具可以对图形的色彩进行混合变化，也可以对形状进行变化，将两个不同属性和形状的对象混合起来就会产生复制变形以及色彩调整的效果。

案例名称：绘制大红灯笼。

案例说明：使用基本图形工具、混合工具、渐变工具、文字工具绘制大红灯笼。

知识要点：使用基本图形工具绘制灯笼的框架；使用混合工具绘制灯笼；使用渐变工具填充

图形；使用钢笔工具绘制灯笼其余部分；使用文字工具输入文字。

效果图：如图5-17所示。

图5-17　大红灯笼效果图

操作步骤：

1. 制作灯身

①按快捷键Ctrl+N新建一个文档，在弹出的"新建文档"对话框中设置图像大小为210mm×297mm，方向为竖向，分辨率为72像素/英寸（ppi），颜色模式为CMYK模式，选择"创建"按钮。

②选择"椭圆工具"　，在页面中绘制一个椭圆形。在工具栏中设置填充颜色为红色（C：0；M：100；Y：100；K：0），填充图形，并设置描边颜色为黄色（C：0；M：0；Y：100；K：0），效果如图5-18所示。

③选择"椭圆工具"　，在页面中绘制一个椭圆形。在工具栏中设置填充颜色为微黄色（C：6；M：15；Y：59；K：0），填充图形，并设置描边颜色为黄色（C：0；M：0；Y：100；K：0），效果如图5-19所示。

图5-18　灯笼外形　　　　图5-19　灯笼中心椭圆

④将两个椭圆重叠。选择"选择工具"  ，按住Shift键的同时，选取两个椭圆。鼠标双击"混合工具" ，在弹出的"混合选项"对话框中设置"间距"的指定的步数，数值为3，如图5-20所示。

⑤选择"确定"按钮，分别单击两个图形，效果如图5-21所示。

图5-20　混合选项设置　　　　　　　　图5-21　混合效果

⑥选择"矩形工具" 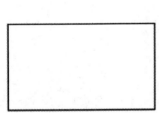，在页面中绘制一个矩形，如图5-22所示。

⑦鼠标双击"渐变工具" 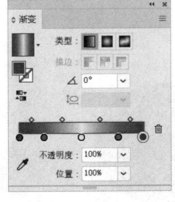，弹出"渐变"控制面板，在色带上设置5个渐变滑块，"位置"设为0%、20%、50%、80%、100%，并分别设置填充颜色为红色（C：0；M：100；Y：100；K：0）、淡红色（C：0；M：80；Y：95；K：0）、黄色（C：0；M：0；Y：100；K：0）、淡红色（C：0；M：80；Y：95；K：0）、红色（C：0；M：100；Y：100；K：0），如图5-23所示。设置描边颜色为"无"，给图形填充渐变色，效果如图5-24所示。

图5-22　矩形区域　　　　图5-23　渐变设置　　　　图5-24　渐变色填充效果

⑧选择"选择工具"  选取矩形，调整大小，用鼠标将其拖曳到椭圆的上方，效果如图5-25所示。

⑨选择"选择工具"  选取矩形，按住Alt键的同时，用鼠标向椭圆的下方拖曳，将其进行复制，效果如图5-26所示。

图5-25 灯笼顶部效果　　　　图5-26 灯笼外形

⑩选择"钢笔工具" ，在灯笼的上方绘制一条曲线，在工具栏中设置填充颜色为"无"，描边颜色为黄色（C：0；M：0；Y：100；K：0），在控制栏中将描边"粗细"选项设为3。

⑪选择"钢笔工具" ，在矩形的下方绘制两条曲线，在工具栏中设置填充颜色为"无"，描边颜色为黄色（C：0；M：0；Y：100；K：0），如图5-27所示。

⑫选择"选择工具" ，按住Shift键的同时，选取两条曲线。鼠标双击"混合工具" ，在弹出的"混合选项"对话框中进行设置，选择"确定"按钮，分别单击两个图形，效果如图5-28所示。

图5-27 灯笼流苏制作　　　图5-28 灯笼流苏效果

2. 添加文字

①选择"文字工具" ，在页面中输入"福"字。选择"选择工具" ，在控制栏中选择合适的字体并设置文字大小，在工具栏中填充文字为红色（C：0；M：100；Y：100；K：0），并设置描边颜色为黄色（C：0；M：0；Y：100；K：0），在控制栏中将描边"粗细"选项设为1，效果如图5-29所示。

②选择"选择工具" ，选取文字，用鼠标将其拖曳到椭圆中央，选取所有图形。

③鼠标双击"旋转工具" ，在弹出的"旋转"对话框中设置"角度"为30°，选择"确定"按钮，如图5-30所示。

④图形旋转后的效果如图5-31所示。

图5-29　灯笼文字绘制　　　　　　图5-30　旋转设置　　　　　　图5-31　右侧灯笼

⑤选择"选择工具" ，选取图形，按住Alt键的同时，用鼠标向左侧拖曳，将其进行复制，选取左边的灯笼，使用"旋转工具" ，将灯笼向右旋转。至此，大红灯笼制作完成。

本节以案例的方式介绍了Illustrator的核心功能，提供了一种快速入门的方式。这些知识基本能够满足日常制图工作的需要。入门者可在扎实掌握本节内容的基础上深入探索Illustrator其他更强大的功能。

第六章
动画制作技术——Animate

Animate（其前身是Adobe Flash Professional）是Adobe公司推出的一款制作网络交互动画的优秀工具，它支持动画、声音、交互以及强大的多媒体编辑功能，可以直接生成主页代码，被广泛应用于网络广告、交互游戏、教学课件、动画短片、交互式软件开发、产品功能演示等多个方面。

第一节　认识Animate软件界面

Animate的操作界面将多个文档集中到一起，这样不仅降低了系统资源的占用，而且可以让使用者更加方便地操作文档。以Animate2020中文版为例，其操作界面包括以下几个部分：菜单栏、编辑栏、舞台、时间轴面板、状态栏、浮动面板组和绘图工具箱等，如图6-1所示。

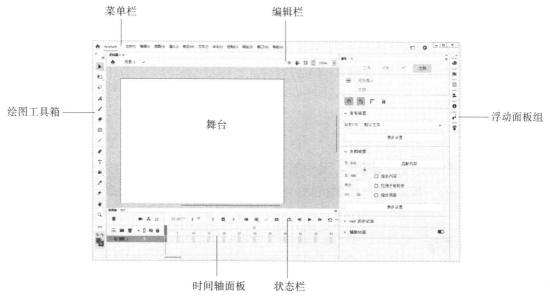

图6-1　Animate操作界面

一、菜单栏

Animate的主菜单命令共有十一种，包括文件、编辑、视图、插入、修改、文本、命令、控制、调试、窗口和帮助。

二、编辑栏

编辑栏位于舞台顶部，包含编辑场景和元件的常用命令，如图6-2所示。

图6—2　编辑栏

各个按钮的功能如下：

（1）编辑元件：单击该按钮，将弹出当前文档中的所有元件的列表，选中一个元件，即可进入对应元件的编辑窗口。

（2）编辑场景：单击该按钮，在弹出的下拉列表中会显示当前文档中的所有场景名称。选中一个场景名称，即可进入对应的场景。

（3）舞台居中：滚动舞台聚集到特定舞台位置后，单击该按钮，可以快速定位到舞台中心。

（4）旋转工具：单击该按钮，在舞台中心会出现控制标志，可任意变换舞台的旋转角度。

（5）剪切掉舞台范围以外的内容：将舞台范围以外的内容裁切掉。

（6）舞台缩放比例：用于设置舞台缩放的比例。

三、舞台

舞台是用户进行创作的主要区域，图形的创建、编辑，动画的创作、显示都在该区域中进行。舞台是一个矩形区域，相当于实际表演中的舞台，在任何时间点看到的舞台仅显示当前帧的内容。

四、时间轴面板

时间轴面板是用于动画创作和编辑的主要工具，可分为两大部分：图层控制区和时间轴控制区，如图6-3所示。

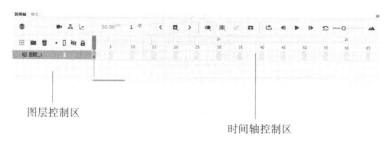

图6-3 时间轴面板

图层控制区位于时间轴面板左侧，用于进行与图层有关的操作，可按照顺序显示当前正在编辑的场景中所有图层的名称、类型、状态等。利用时间轴面板使用多层层叠技术，可将不同内容放置在不同层，从而创建一种有层次感的动画效果。

时间轴控制区位于时间轴面板右侧，用于控制当前帧、执行帧操作、创建动画、设置动画播放的速度以及设置帧的显示方式等。舞台上出现的每一帧的内容是在该时间点出现在各层上的所有内容的反映。

五、浮动面板组

在Animate操作界面的右侧有着许多自动对齐的浮动面板。用户可以自由地在界面上拖动这些面板，也可以将多个面板组合在一起，组成一个选项卡组，以扩充文档窗口。

六、绘图工具箱

使用Animate进行动画创作时，首先要绘制各种图形和对象，这就要用到各种绘图工具。绘图工具箱以图标形式停靠在工作区左侧。执行"窗口"|"工具"命令，即可展开工具面板。

▎第二节　案例实战：制作简单动画

一、逐帧动画

逐帧动画利用了人眼的视觉暂留性，在每一帧上创建一个不同的画面，连续的帧组合成连续变化的动画。

案例名称：圣诞老人。

效果展示：用手机扫描以下二维码查看。

操作步骤：

①新建文档，设置舞台大小为640px×480px，选择菜单"文件"|"导入"|"导入到舞台"，在浏览窗口中找到"圣诞老人.swf"文件，点击"确定"。

②鼠标右键单击"时间轴"面板上的第1帧，插入关键帧。

③选择菜单"窗口"|"库"中的素材圣诞老人，将其拖到工作区，如图6-4所示。

图6--4　加入素材的舞台

④在没有选中图像的状态下，选择菜单"窗口"|"属性"，其中"宽""高"用来设置背景大小，"匹配内容"按钮能使工作区按照图像的实际大小而定，"FPS"为播放速度，设为每秒3帧。

⑤依次在第2、3、4、5、6、7帧插入空白关键帧后，分别将"库"中的素材拖入（注意：所有帧放置的位置都要一致），如图6-5所示。

图6--5　逐帧效果

⑥在菜单"控制"中设置循环效果。

⑦单击"播放"按钮或直接按Enter键观看播放效果。

二、过渡动画

建立动画过程的首尾两个关键帧，中间过渡帧由计算机计算得到。

（一）变形动画：矢量图形

案例名称：圆形变心形。

效果展示：用手机扫描以下二维码查看。

操作步骤：

①新建文档，设置舞台大小为640px×480px。

②在第1帧插入空白关键帧，选取工具箱中的"椭圆工具"，选择前景色工具，设置"笔触颜色"为"无"，按住Shift键拖出一个无框正圆，填充颜色为蓝色，效果如图6-6所示。

图6-6 圆形关键帧

③在第24帧插入关键帧，使用"选择工具"，在不选中图片的状态下，将鼠标放在圆形的边缘，当出现一个小标记时，按住Alt键拖出心形，并填充颜色为红色，如图6-7所示。

图6-7 心形关键帧

④在第29帧插入关键帧，选择第25帧的圆形，单击鼠标右键选择"转换为元件"。

⑤为第1帧设置变形动画：选中第1帧，单击鼠标右键，选择"创建补间形状"。

⑥在第41帧插入关键帧，此帧图形依然为红色心形。

⑦在第54帧插入关键帧，仍为红色心形。

⑧选取第41帧的红色心形，选择菜单"修改"|"变形"|"任意变形"，改变心形的形状，效果如图6-8所示。

图6-8 变形后的心形关键帧

⑨选中"时间轴"面板上的第29帧，单击鼠标右键，选择"创建传统补间"，创建第29—41帧的动画。

⑩用与⑨相同的方法设置第41—54帧的动画。

⑪单击"播放"按钮或直接按Enter键观看播放效果。

（二）变形动画：非矢量图形

案例名称：ABD变形。

效果展示：用手机扫描以下二维码查看。

操作步骤：

①新建文档，设置舞台大小为640px×480px。

②分别在第1、10、20帧插入空白关键帧，内容分别为字母A、B、D。

③分别选中三个字母，单击鼠标右键选择"分离"，直到字母被打散。

④为第1、10关键帧设置动画属性：分别选中第1、10关键帧，单击鼠标右键，选择"创建补间形状"。

⑤单击"播放"按钮或直接按Enter键观看播放效果。

（三）运动动画：将矢量图形转换为元件

案例名称：我的大学。

效果展示：用手机扫描以下二维码查看。

操作步骤：

①新建文档，设置舞台大小为400px×200px。

②在"图层1"的舞台中心输入文字"我的大学"。

③选择菜单"修改"｜"转换为元件"，将文字"我的大学"转换为元件。

④在"图层1"第30帧插入关键帧，并选择"任意变形工具"将文字"我的大学"变形放大。

⑤创建"图层2"和"图层3"。

⑥复制"图层1"的第1—30帧到两个新图层中。

⑦分别将"图层2"的30帧上移，"图层3"的30帧下移，并在面板中选择"属性"｜"对象"｜"色彩效果"，设置"Alpha""透明度"为0。

⑧分别选择三个图层的第11帧，单击鼠标右键，选择"创建传统补间"。

⑨单击"播放"按钮或直接按Enter键观看播放效果。

三、遮蔽动画

遮蔽层能遮蔽下一层的图形，而遮蔽层的图形是不可见的。遮蔽效果可分为两种：一种是遮蔽层图形移动的扫描方式，好比坐在开动的车上看路边的景物；另一种是遮蔽层图形不动而下层图形移动的流动方式，好比在路口看着来往的车流。

案例名称：移动的镜头。

效果展示：用手机扫描以下二维码查看。

操作步骤:

①新建文档,设置舞台大小为640px×480px。

②在"图层1"的舞台中心输入字母"ABCDEFGHIJK",并在第30帧单击鼠标右键,选择插入关键帧。

③新建"图层2",在"图层2"的第1帧画一椭圆,如图6-9所示。

图6-9 图层2第1帧效果

④在"图层2"第30帧插入关键帧,并将椭圆移至图6-10所示位置。

图6-10 图层2第30帧效果

⑤选中"图层2"的第1帧,单击鼠标右键选择"创建传统补间"。

⑥选中"图层2",单击鼠标右键,设置为"遮罩层"。

⑦单击"播放"按钮或直接按Enter键观看播放效果。

四、自定义动画移动的路径

自定义动画移动的路径,使对象在画面上按绘制的曲线路径运动。

案例名称:自定义路径运动。

效果展示:用手机扫描以下二维码查看。

操作步骤:

①新建文档,设置舞台大小为640px×480px。

②在"图层1"中画一个矩形,并在第40帧插入关键帧。

③新建"图层2",在第1帧画一个矩形,如图6-11所示。

图6-11 挡板图层

④新建"图层3"，在第1帧画一个圆形，如图6-12所示，并将其转换为元件。

图6-12 添加小球图层

⑤选中"图层3"，单击鼠标右键选择"添加传统运动引导层"，此时会出现一个引导层。

⑥在引导层上用"传统画笔工具"绘制一条路径线，并将"图层3"第1帧中的小球放置在如图6-13所示位置。

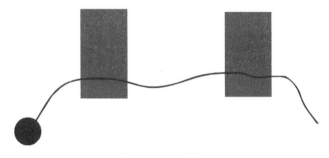

图6-13 绘制引导层

⑦在"图层3"的第40帧插入关键帧，并将圆形移至图6-14所示位置（设置小球起止位置时须确保小球元件中心点与引导路径的起止点重叠）。

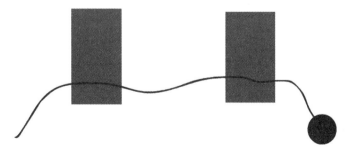

图6-14 设置小球图层运动后的位置

⑧选择"图层3"的第1帧，单击鼠标右键选择"创建传统补间"，使得圆形按照所绘线条进行移动。

⑨将"图层3"置于"图层1"下方、"图层2"上方，使得圆形从第一个矩形的上方通过，再从第二个矩形的下方通过。

⑩单击"播放"按钮或直接按Enter键观看播放效果。

本章主要介绍了Animate的操作界面，以及逐帧动画、过渡动画、遮蔽动画等内容，供入门者快速了解Animate的使用方法并进行简单动画的制作。Animate的其他功能，如滤镜、混合模式、有声动画、交互动画等还需入门者继续探索。

第七章
音频处理技术——Audition

Audition是Adobe公司最新推出的一款优秀的音频编辑软件,是目前世界上最优秀的音频编辑软件之一,被广泛地应用于播音录音、后期制作等音频和视频专业领域。

第一节 认识Audition软件界面

使用Audition的图形化界面,可以清晰而快速地完成音频素材的编辑与剪辑工作。以Audition 2020中文版为例,其工作界面主要包括标题栏、菜单栏、工具栏、浮动面板以及编辑器等部分,如图7-1所示。

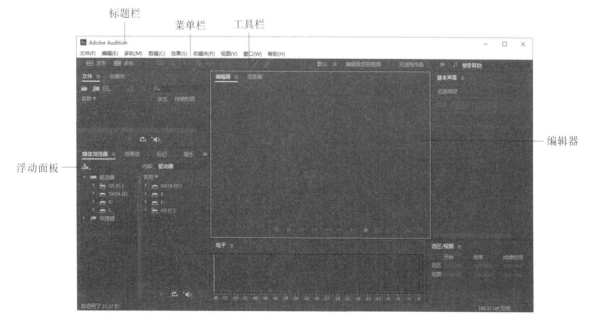

图7-1 Audition工作界面

一、标题栏

标题栏位于整个窗口的顶端，显示了当前应用程序的名称，以及用于控制文件窗口显示大小的"最小化"按钮、"最大化（向下还原）"按钮和"关闭"按钮。

二、菜单栏

菜单栏位于标题栏的下方，由文件、编辑、多轨、剪辑、效果、收藏夹、视图、窗口和帮助九个菜单命令组成。各菜单命令的主要功能如下：

（1）文件：在该菜单中可以进行新建、打开和退出等操作。

（2）编辑：在该菜单中包含了撤销、重做、剪切、复制和粘贴等编辑命令。

（3）多轨：在该菜单中可以进行添加轨道、插入文件、设置节拍器等操作。

（4）剪辑：在该菜单中可以进行拆分、重命名、剪辑增益、静音、分组、伸缩、重新混合、淡入以及淡出等操作。

（5）效果：在该菜单中可以进行振幅与压限、延迟与回声、诊断、滤波与均衡、调制以及混响等操作。

（6）收藏夹：在该菜单中可以进行删除收藏、开始/停止记录收藏等操作。

（7）视图：在该菜单中可以进行放大（时间）、缩小（时间）、缩放重设（时间）、完整缩小（选定轨道）、显示HUD（H）、显示视频等操作。

（8）窗口：在该菜单中可以进行工作区的新建与删除操作，以及显示与隐藏编辑器、文件、历史记录等面板的操作。

（9）帮助：在该菜单中可以使用Adobe Audition支持中心、快捷键以及显示日志文件等。

三、工具栏

工具栏位于菜单栏的下方，主要用于对音乐文件进行简单的编辑操作，它提供了控制音乐文件的相关工具。

在工具栏中，各工具和按钮的主要作用如下：

（1）"波形"按钮：单击该按钮，可以在"波形"编辑状态下，编辑单轨中的音频波形。

（2）"多轨"按钮：单击该按钮，可以在"多轨"编辑状态下，编辑多轨中的音频对象。

（3）显示频谱频率显示器工具：单击该按钮，可以显示音频素材的频谱频率。

（4）显示频谱音调显示器工具：单击该按钮，可以显示音频素材的频谱音调。

（5）移动工具：单击该按钮，可以对音频素材进行移动操作。

（6）切断所选剪辑工具：单击该按钮，可以对音频素材进行分割操作。

（7）滑动工具：单击该按钮，可以对音频素材进行滑动操作。

（8）时间选择工具：单击该按钮，可以对音频素材进行部分选择操作。

（9）框选工具：单击该按钮，可以对音频素材进行框选操作。

（10）套索选择工具：单击该按钮，可以使用套索的方式对音频素材进行选择操作。

（11）画笔选择工具：单击该按钮，可以使用画笔的方式对音频素材进行选择操作。

（12）污点修复画笔工具：单击该按钮，可以对素材进行污点修复操作。

（13）"默认"按钮：单击该按钮，可以切换至默认的音频编辑界面。

（14）"编辑音频到视频"按钮：单击该按钮，可以切换至音频视频混音编辑界面，在该工作界面，最上方会显示视频面板。

（15）"无线电作品"按钮：单击该按钮，可以切换至无线电作品编辑界面，界面右边有无数据面板，用于作品的信息设置。

四、浮动面板

浮动面板位于工作界面的左侧和下方，主要用于对当前的音频文件进行相应的设置。单击菜单栏中的"窗口"菜单，在弹出的菜单列表中单击相应的命令，即可显示相应的浮动面板。图7-2所示为文件面板，图7-3所示为媒体浏览器面板。

图7-2　文件面板

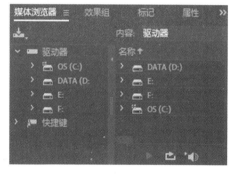

图7-3　媒体浏览器面板

五、编辑器

Audition中的所有功能都可以在编辑器窗口中实现。打开或导入音乐文件后，音乐文件的音波即可显示在编辑器窗口中。此时所有的操作将只针对该编辑器窗口，若想对其他音乐文件进行编辑，则需要切换至其他音乐文件的编辑器窗口。编辑器窗口分为两种类型：第一种为"波形编辑"状态下的编辑器窗口；第二种为"多轨合成"状态下的编辑器窗口。

第二节 案例实战：录制个人歌曲

一、案例效果

本案例录制的歌曲是《三寸日光》，音波效果如图7-4所示。

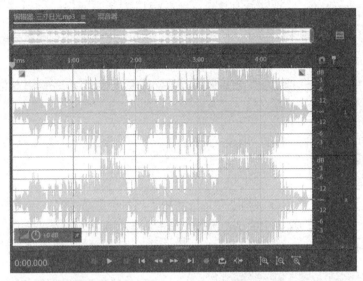

图7-4 制作歌曲《三寸日光》

二、案例分析

首先新建一个音频文件，录制清唱歌曲《三寸日光》，对录制完成的歌曲进行降噪特效处理，并调整声音的大小。然后新建一个多轨会话文件，插入刚录制的歌曲文件，并添加歌曲的伴奏文件，对音频进行合成处理，完成个人歌曲的录制操作。

三、案例操作

本案例的操作过程包括新建空白音频文件、录制清唱歌曲文件、对音频进行特效处理、调整歌曲的声音振幅、创建多轨合成文件、为清唱歌曲添加伴奏、输出MP3格式文件。

（一）新建空白音频文件

MP3格式的音乐在网络中较为常见，MP3格式能够以高音质、低采样对数字音频文件进行压缩。本案例主要向读者介绍输出MP3格式音频的操作方法。

①在菜单栏中，单击"文件"|"新建"|"音频文件"，如图7-5所示，首先新建一个单轨文件。

图7-5 新建音频文件

②执行操作后，弹出"新建音频文件"对话框。

③在对话框中设置文件名、采样率、声道等信息，单击"确定"按钮，如图7-6所示。

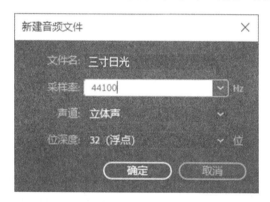

图7-6 设置音频文件的信息

④执行操作后，即可创建一个空白的单轨音频文件，如图7-7所示。

图7-7 创建单轨音频文件

（二）录制清唱的歌曲文件

当用户在Audition工作界面中创建单轨文件后，接下来要将输入和输出设备与计算机正确连接，然后通过下面的操作步骤开始录制清唱的歌曲文件。

①在编辑器的下方，单击"录制"按钮　　　。

②开始录制清唱的歌曲文件，并显示歌曲录制进度和音波，如图7-8所示。在录制歌曲的过程中，由于一首歌的时间比较长，用户可以对音频进行中途暂停操作，待准备好后再单击"录制"按钮录制下一段音频。

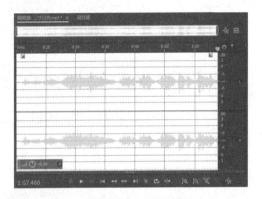

图7-8　歌曲录制进度和音波

③在"电平"面板中，显示了歌曲的电平信息，如图7-9所示。

图7-9　歌曲的电平信息

④待歌曲录制完成后，单击编辑器窗口下方的"停止"按钮　　　，完成一整首歌曲的录制操作，如图7-10所示。

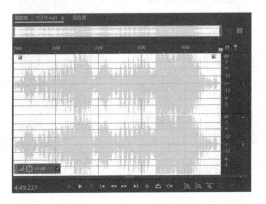

图7-10　完成歌曲的录制操作

⑤歌曲录制完成后，用户要及时保存，以免文件丢失，可在菜单栏中单击"文件"|"保存"。

⑥执行操作后，弹出"另存为"对话框。设置音频文件的文件名与保存位置，单击"确定"按钮，即可保存录制的歌曲文件。

（三）去除噪声优化歌曲声音

用户在录制歌曲的过程中，会连同外部的杂音一起录进歌曲文件中，此时用户需要对歌曲文件进行降噪特效处理，消除歌曲中的噪声。

①选择"时间选择工具" ，在歌曲文件中选择出现的噪声区间，如图7-11所示。

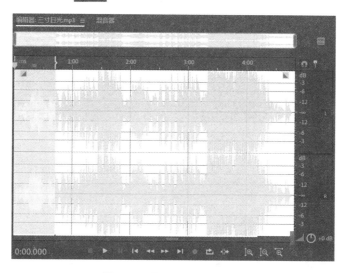

图7-11 选择出现的噪声区间

②在菜单栏中单击"效果"|"降噪/恢复"|"捕捉噪声样本"，如图7-12所示，捕捉歌曲中的噪声样本信息。

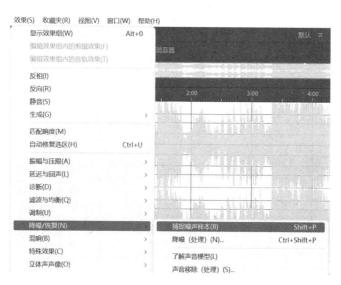

图7-12 捕捉噪声样本

③按快捷键Ctrl+A，全选整段歌曲文件，如图7-13所示。表示需要对整段录制的歌曲进行处理。

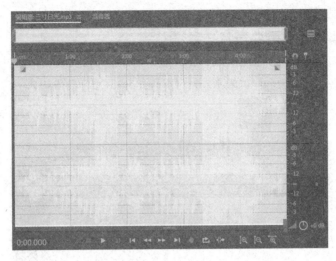

图7-13　选择整段歌曲文件

④在菜单栏中单击"效果"|"降噪/恢复"|"降噪（处理）"。

⑤执行操作后，弹出"效果-降噪"对话框，各选项为默认设置。以开始捕捉的噪声样本为前提，单击"应用"按钮，如图7-14所示。

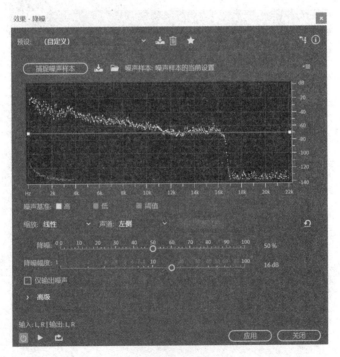

图7-14　效果-降噪设置

⑥执行操作后，即可开始处理录制的歌曲文件。自动去除歌曲中的噪声部分，并显示处理进度，如图7-15所示。

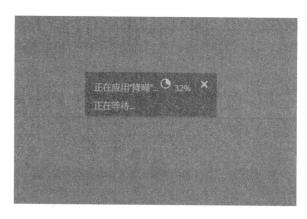

图7-15 执行降噪

⑦稍等片刻，即可完成歌曲文件的降噪特效处理，提高声音的音质，使播放效果更佳。单击"播放"按钮，试听处理后的歌曲文件。

（四）调整录制的歌曲声音大小

在Audition工作界面中，用户还可以调整歌曲的声音振幅，将音量调至合适的大小。下面介绍调整歌曲声音振幅的操作方法。

①按快捷键Ctrl+A，全选整段歌曲文件。

②在编辑器窗口的"调节振幅"数值框中输入2，如图7-16所示。

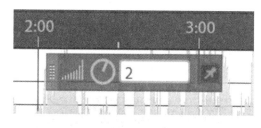

图7-16 调节振幅

③按Enter键确认，即可调整声音的音量振幅。在编辑器中可以查看修改后的歌曲音波大小，如图7-17所示。

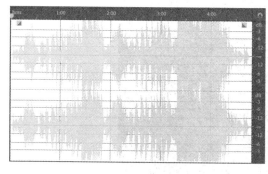

a.修改前

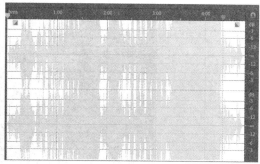

b.修改后

图7-17 效果图

（五）创建空白的多轨项目文件

在Audition工作界面中，如果用户需要创建多段音频文件，就需要在多轨编辑器中对歌曲文件进行编辑。下面介绍创建多轨合成文件的操作方法。

①在菜单栏中单击"文件"|"新建"|"多轨会话"。

②执行操作后，弹出"新建多轨会话"对话框，如图7-18所示。

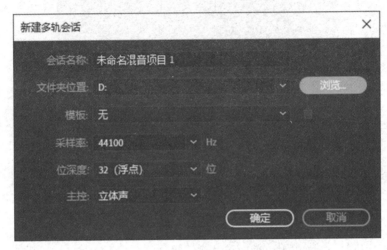

图7-18　新建多轨会话对话框

③在对话框中设置会话名称，单击"文件夹位置"右侧的"浏览"按钮。

④弹出"选择目标文件夹"对话框，设置多轨文件的保存位置，单击"选择文件夹"按钮。

⑤返回"新建多轨会话"对话框，设置采样率、位深度、主控等选项，单击"确定"按钮。

⑥执行操作后，即可新建一个多轨对话文件窗口，如图7-19所示。

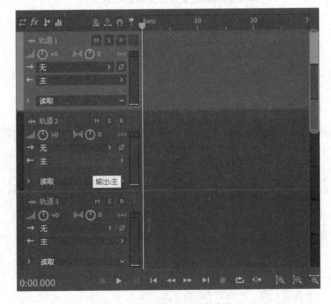

图7-19　新建多轨对话文件窗口

（六）为录制的歌曲添加伴奏效果

当用户录制并处理完清唱的歌曲文件后，可以为清唱的歌曲添加伴奏音乐，使歌曲更具活力。下面介绍为清唱的歌曲添加伴奏音乐的操作方法。

①在"文件"面板中，选择之前录制完成的清唱歌曲文件，如图7-20所示。

图7-20　选择录制完成的文件

②在该清唱歌曲文件上单击鼠标左键并拖拽至右侧的"轨道1"中，添加清唱歌曲文件，如图7-21所示。

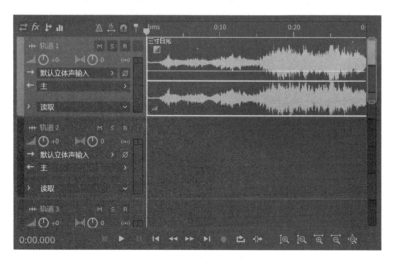

图7-21　添加清唱歌曲文件

③在"文件"面板中，单击"导入文件"按钮。

④执行操作后，弹出"导入文件"对话框，选择需要导入的伴奏音乐文件。

⑤单击"打开"按钮，将伴奏音乐导入"文件"面板中，如图7-22所示。

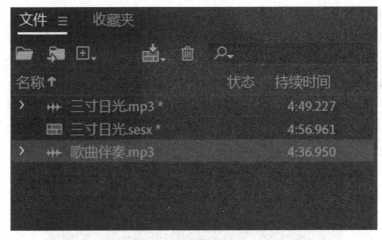

图7-22 导入文件

⑥在伴奏音乐文件上单击鼠标左键并拖拽至右侧的"轨道2"中，添加伴奏音乐文件，如图7-23所示。

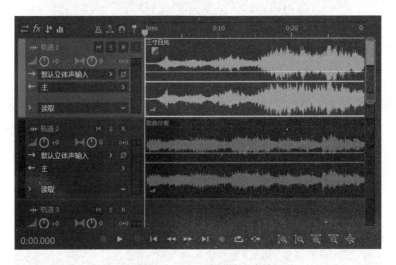

图7-23 添加伴奏音乐文件

⑦在编辑器窗口的下方，单击"播放"按钮，试听最终录制并编辑完成的《三寸日光》歌曲文件。

（七）将歌曲合成后输出为MP3格式文件

MP3音频格式能够以高音质、低采样对数字音频文件进行压缩，是目前网络媒体中常用的一种音频格式。下面介绍将多轨歌曲输出为MP3音频文件的操作方法。

①在菜单栏中单击"文件"|"导出"|"多轨混音"|"整个会话"。

②执行操作后，弹出"导出多轨混音"对话框，如图7-24所示。

图7-24　导出多轨混音设置

③在对话框中设置文件名，单击"格式"右侧的下拉按钮，在弹出的列表中选择"MP3音频"选项，如图7-25所示，导出格式为MP3音频格式。

图7-25　导出MP3音频格式文件

④单击"位置"右侧的"浏览"按钮，设置文件保存的位置。

⑤单击"保存"按钮，返回"导出多轨混音"对话框，单击下方的"确定"按钮，即可导出多轨歌曲文件，并显示导出进度。

本章通过对综合案例的讲解，带领初学者走进Audition的世界，其中涉及的知识有新建空白音频文件、消除声音中的杂音、编辑多轨音乐素材、创建空白的多轨项目文件、转换歌曲格式等。除此之外，Audition还有很多强大的功能，如修复混合音乐、剪辑与复制音乐素材、修复音乐中的失真部分等，需要初学者在实践中不断探索。

第八章
视频剪辑技术——Premiere

Premiere是目前影视后期制作领域应用最广泛的影视编辑软件，因其强大的视频剪辑处理功能而备受用户的青睐。

第一节　认识Premiere软件界面

以Premiere 2020中文版为例，Premiere的功能面板是使用Premiere进行视频编辑的重要工具，主要由项目、时间轴、监视器等功能面板组成，本节将介绍其中几种常用面板的主要功能。

启动Premiere应用程序，然后选择"文件"|"新建"|"项目"，新建一个项目。在工作界面中会自动出现如下面板。Premiere的工作界面主要由菜单栏和各部分功能面板组成，如图8-1所示。

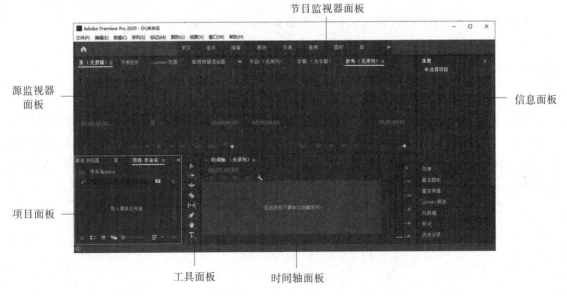

图8-1　Premiere工作界面

一、项目面板

如果所进行的项目中包含许多视频、音频素材和其他作品元素，那么应该重视Premiere的项目面板。在项目面板中开启"预览区域"后，可以单击"播放-停止切换"按钮来预览素材。

二、时间轴面板

时间轴面板并非仅用于查看，它也是可交互的。使用鼠标把视频和音频素材、图形和字幕从项目面板拖到时间轴面板中，即可创作自己的作品。时间轴面板是视频作品的基础，创建序列后，在时间轴面板中可以组合项目的视频与音频序列、特效、字幕和切换效果。

三、监视器面板

监视器面板主要用于在创建作品时进行预览。Premiere提供了三种不同的监视器面板：源监视器、节目监视器、参考监视器。

（一）源监视器

源监视器面板用于显示还未放入时间轴面板的视频序列中的源影片。可以使用源监视器面板设置素材的入点和出点，然后将它们插入或覆盖到自己的作品中。源监视器面板也可以显示音频素材的音频波形。

（二）节目监视器

节目监视器面板用于显示在时间轴面板的视频序列中组装的素材、图形、特效和切换效果。要在节目监视器面板中播放序列，只需单击窗口中的"播放-停止切换"按钮或按空格键即可。如果在Premiere中创建了多个序列，可以在节目监视器面板的序列下拉列表中选择其他序列作为当前的节目内容。

（三）参考监视器

在许多情况下，参考监视器面板是另一个节目监视器。可以用它来调整颜色和音调，因为在参考监视器面板中查看视频示波器（可以显示色调和饱和度级别）的同时，可以在节目监视器面板中查看实际的影片。

四、音轨混合器面板

使用音轨混合器面板可以混合不同的音频轨道、创建音频特效和录制叙述材料。使用音轨混合器面板还可以查看混合音频轨道并应用音频特效。

五、效果面板

使用效果面板可以快速应用多种音频效果、视频效果和视频过渡。例如，在视频过渡文件夹中包含3D运动、伸缩、划像、擦除等过渡类型。

六、效果控件面板

使用效果控件面板可以快速创建音频效果、视频效果和视频过渡。例如，在效果面板中选定一种效果，然后将它直接拖到效果控件面板中，就可以为素材添加这种效果。

七、工具面板

Premiere工具面板中的工具主要用于在时间轴面板中编辑素材。在工具面板中单击某个工具即可激活它。

八、历史记录面板

使用Premiere的历史记录面板可以无限制地执行撤销操作。进行编辑工作时，历史记录面板会记录作品的制作步骤。要返回到项目以前的状态，只需单击历史记录面板中的历史状态即可。

九、信息面板

信息面板提供了关于素材和切换效果，以及时间轴面板中的空白间隙的重要信息。选择一段素材、切换效果或时间轴面板中的空白间隙后，可以在信息面板中查看素材或空白间隙的大小、持续时间以及起点和终点。

十、字幕面板

使用Premiere的字幕面板可以为视频项目快速创建字幕，也可以使用字幕面板创建动画字幕效果。

第二节　案例实战：制作婚礼MV

一、案例效果

本节将以婚礼MV为例，介绍Premiere在影视后期制作中的具体应用，帮助读者掌握使用Premiere进行影视编辑的具体操作流程和技巧。本例的最终效果如图8-2所示。

图8-2　婚礼MV效果图

二、案例分析

在制作该影片前，首先要构思该影片所要展现的内容和希望达到的效果，然后收集需要的素材，再使用Premiere进行视频编辑。

（1）收集或制作所需要的素材，然后导入Premiere中进行编辑。

（2）选用合适的背景素材，根据视频所需长度，在Premiere中对背景素材的长度进行调整。

（3）根据视频所需长度，调整各个照片素材所需的持续时间。

（4）根据背景素材的效果，适当调整各个照片素材在时间轴面板的入点位置。

（5）对背景素材应用键控效果，丰富视频画面。

（6）在字幕设计器中创建需要的字幕，然后根据需要将这些字幕添加到时间轴面板的视频轨道中。

（7）为素材添加视频运动效果和淡入淡出效果，使影片效果更加丰富。

（8）添加合适的音乐素材，并根据视频所需长度，对音乐素材进行编辑。

三、案例制作

根据对本综合案例的分析，可以将其分为七个主要部分进行操作：创建项目文件、添加素材、编辑影片素材、创建字幕、编辑字幕动画、编辑音频素材和输出影片。

（一）创建项目文件

①启动Premiere应用程序，在欢迎界面中单击"新建项目"按钮，或选择菜单"文件"|"新建"|"项目"，然后在打开的"新建项目"对话框中设置文件的名称。

②在"新建项目"对话框中单击"浏览"按钮，在打开的"请选择新项目的目标路径"对话框中设置项目的保存路径。

③选择菜单"编辑"|"首选项"|"时间轴"，打开"首选项"对话框，设置"静止图像默认持续时间"为4秒。

④选择菜单"文件"|"新建"|"序列"，打开"新建序列"对话框，选择"标准32kHz"预设类型，如图8-3所示。

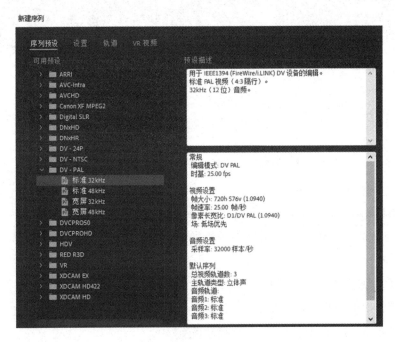

图8-3 设置序列预设

⑤选择"设置"选项卡，在"编辑模式"下拉列表中选择"DV24p"视频编辑模式，如图8-4所示。

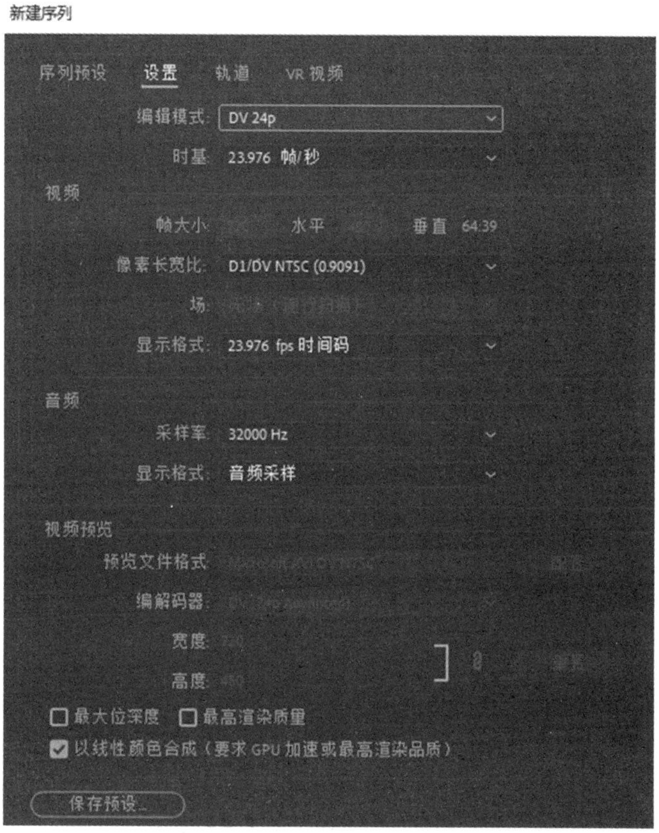

新建序列

序列预设　**设置**　轨道　VR 视频

编辑模式：　DV 24p

时基：　23.976 帧/秒

视频

帧大小　　　水平　　　垂直　64:39

像素长宽比：　D1/DV NTSC (0.9091)

场：

显示格式：　23.976 fps 时间码

音频

采样率：　32000 Hz

显示格式：　音频采样

视频预览

预览文件格式：

编解码器：

宽度：

高度：

☐ 最大位深度　☐ 最高渲染质量

☑ 以线性颜色合成（要求 GPU 加速或最高渲染品质）

保存预设...

图8-4　设置视频编辑模式

⑥选择"轨道"选项卡，设置视频轨道数量为4，然后单击"确定"按钮，如图8-5所示。

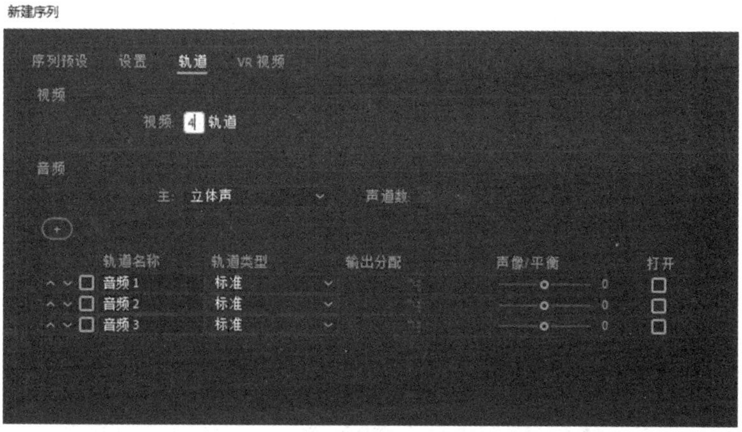

新建序列

序列预设　设置　**轨道**　VR 视频

视频

视频：　**4** 轨道

音频

主：　立体声　　　声道数

轨道名称	轨道类型	输出分配	声像/平衡	打开
☐ 音频 1	标准		○ 0	☐
☐ 音频 2	标准		○ 0	☐
☐ 音频 3	标准		○ 0	☐

图8-5　设置视频轨道

（二）添加素材

①选择菜单"文件"|"导入"，打开"导入"对话框，导入本例中需要的素材。

②在"项目"面板中单击"新建素材箱"按钮，创建三个素材箱，然后分别将三个素材箱命名为"视频""照片""音乐"，并将相应的素材拖入对应的文件夹中，对项目中的素材进行分类管理，如图8-6所示。

图8-6　管理素材

③选中"项目"面板中所有的照片素材，然后选择菜单"剪辑"|"速度/持续时间"，打开"剪辑速度/持续时间"对话框，设置"持续时间"为7秒，如图8-7所示。

图8-7　设置剪辑速度

（三）编辑影片素材

①将"爱心背景.mp4"文件和"光效.mp4"文件添加到"时间轴"面板的"视频2"轨道和"视频3"轨道中，各素材的入点位置为第0秒。

②将"时间轴"面板的指示器移到第3秒的位置，在"节目监视器"面板中预览到的效果如图8-8所示。

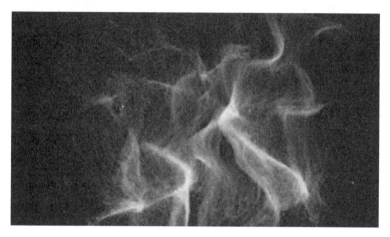

图8-8　预览效果

③选择"视频3"轨道中的"光效.mp4"文件，打开"效果控件"面板，展开"不透明度"选项组，在"混合模式"下拉列表中选择"变亮"选项，如图8-9所示。

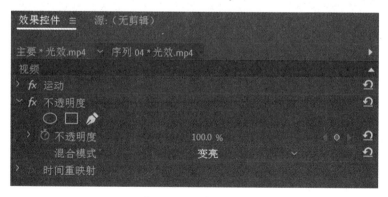

图8-9　设置效果控件

④在"节目监视器"面板中对影片进行预览，效果如图8-10所示。

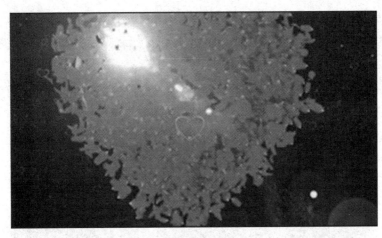

图8-10 节目预览1

　　⑤将各个照片素材添加到"时间轴"面板的"视频1"轨道中，各素材的入点位置分别为第4秒、第12秒、第21秒、第29秒、第37秒。

　　⑥将"时间轴"面板的指示器移到第7秒的位置，在"节目监视器"面板中预览到的效果如图8-11所示。

图8-11 节目预览2

　　⑦打开"效果"面板，展开"视频效果"|"键控"素材箱，然后选中"颜色键"效果，如图8-12所示。

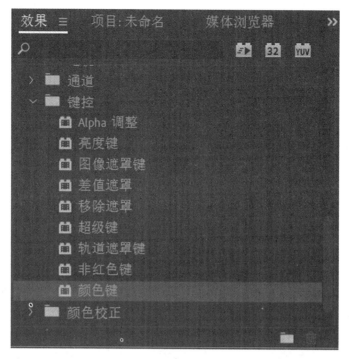

图8-12 设置颜色键

⑧将"颜色键"效果添加到"视频2"轨道中的"爱心背景.mp4"文件上，然后切换到"效果控件"面板，单击"主要颜色"选项右边的吸管工具，如图8-13所示。

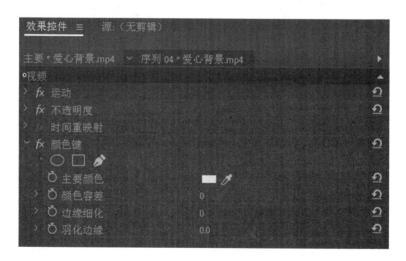

图8-13 设置主要颜色

⑨将鼠标光标移到"节目监视器"面板中，吸取心形中的绿色作为抠图的颜色。

⑩在"效果控件"面板中，设置"颜色容差"为60、"边缘细化"为5、"羽化边缘"为30。

⑪在"节目监视器"面板中对"颜色键"效果进行预览，效果如图8-14所示。

图8-14 节目预览3

⑫选择"视频1"轨道中的"01.png"文件,切换到"效果控件"面板,在第4秒的位置为"缩放"选项添加一个关键帧,设置"缩放"为200,如图8-15所示。

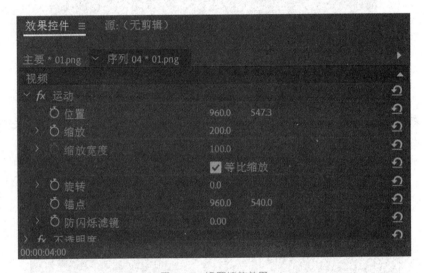

图8-15 设置缩放效果

⑬在第7秒的位置为"缩放"选项添加一个关键帧,设置"缩放"为80。

⑭在"效果控件"面板中框选所创建的缩放关键帧,然后单击鼠标右键,在弹出的快捷菜单中选择"复制"。

⑮在"时间轴"面板中选择"视频1"轨道中的"02.png"文件,将"时间轴"面板的指示器移动到第12秒的位置,然后在"效果控件"面板中单击鼠标右键,在弹出的快捷菜单中选择"粘贴"。

⑯在第21秒、第29秒、第37秒的位置分别为"03.png""04.png""05.png"文件粘贴所复制的缩放关键帧。

⑰在"节目监视器"面板中预览影片的缩放动画。

(四)创建影片字幕

①选择菜单"文件"|"新建"|"旧版标题",在打开的"新建字幕"对话框中输入字幕名

称并单击"确定"按钮。

②在字幕设计器中单击工具栏上的"文字工具"按钮,在绘图区单击鼠标并输入文字内容,然后适当调整文字的位置、字体、字号和行距。

③在"字幕属性"面板中向下拖动滚动条,然后选中"阴影"复选框,设置阴影的颜色为红色,设置大小为81,如图8-16所示。

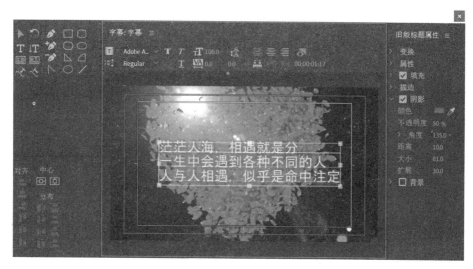

图8-16 设置字幕效果

④关闭字幕设计器,使用同样的方法创建其他字幕。在"项目"面板中新建一个名为"字幕"的素材箱,将创建的字幕拖入该素材箱中。

(五)编辑字幕动画

①分别在第0秒、第5秒、第10秒、第15秒、第20秒、第25秒、第30秒、第35秒和第40秒的位置,依次将"字幕01~09"素材添加到"视频4"轨道中。

②选择"视频4"轨道中的"字幕01"素材,然后打开"效果控件"面板,在第0秒的位置为"缩放"选项添加一个关键帧。

③在第2秒的位置为"缩放"选项添加一个关键帧,设置"缩放"为80。

④在第0秒的位置为"不透明度"选项添加一个关键帧,设置"不透明度"为0。

⑤在第0秒15帧的位置为"不透明度"选项添加一个关键帧,设置"不透明度"为100%,制作渐现效果。

⑥分别在第3秒15帧和第3秒24帧的位置为"不透明度"选项添加一个关键帧,保持第3秒15帧的参数不变,设置第3秒24帧的"不透明度"为0,制作渐隐效果。

⑦在"效果控件"面板中框选已创建好的所有关键帧,然后单击鼠标右键,在弹出的快捷菜单中选择"复制"。

⑧分别在第5秒、第10秒、第15秒、第20秒、第25秒、第30秒、第35秒和第40秒的位置,依次为其他字幕素材粘贴不透明度关键帧。

⑨在"节目监视器"面板中单击"播放-停止切换"按钮，预览字幕的变化效果。

（六）编辑音频素材

①将"项目"面板中的"音乐.mp3"文件添加到"时间轴"面板的"音频1"轨道中，入点位置为第0秒。

②将"时间轴"面板的指示器移到第44秒的位置，单击"工具"面板中的"剃刀工具"按钮

，然后在此时间位置上单击鼠标，将音频素材切割开。

③选择音频素材后面多余的音频，按Delete键将其删除，如图8-17所示。

图8-17 删除多余音频

④展开"音频1"轨道，分别在第0秒、第1秒、第43秒和第44秒的位置为音乐素材添加关键帧。

⑤向下拖动第0秒和第44秒的关键帧，将其音量调节为最小，制作声音的淡入淡出效果。

（七）输出影片文件

①选择菜单"文件"｜"导出"｜"媒体"，打开"导出设置"对话框，在"格式"下拉列表中选择一种影片格式（如H.264）。

②在"输出名称"选项中单击输出影片文件的名称。

③在打开的"另存为"对话框中设置存储文件的名称和路径，然后点击"保存"按钮。

④返回"导出设置"对话框，在"音频"选项卡中设置音频的参数，如图8-18所示。然后单击"导出"按钮，将项目文件导出为影片文件。

图8-18 导出设置

⑤将项目文件导出为影片文件后，可以在相应的位置找到这个导出的文件，并且可以使用媒体播放器对该文件进行播放。至此，本案例制作完毕。

本章介绍了Premiere在影视编辑中的具体应用。通过本章的学习，初学者能够快速地了解影视编辑的常见流程和方法，掌握Premiere的实际操作，并达到举一反三的效果。

第九章
数字出版物设计与制作

数字出版物设计与制作过程中会涉及文字编辑排版、平面设计和视频剪辑等技能。文字编辑排版常用的工具有Word、InDesign等；平面设计常用的工具有Photoshop、Illustrator、CorelDRAW等；视频剪辑常用的工具有Premiere、绘声绘影等。就交互类数字出版作品的制作而言，现在主流的工具有Epub360、IH5、木疙瘩等。本章以Epub360为例，介绍数字出版物制作的一些操作技巧。

第一节　Epub360的特色

Epub360是在线使用的交互内容设计平台，全面满足个性化需求，无须编程即可轻松制作专业电子交互杂志、微信邀请函、品牌展示、培训课件以及交互童书、微网页H5小游戏等营销互动H5，支持同时发布到iOS、安卓、桌面及微信。

Epub360作为一款专业级H5交互制作工具，除了有丰富的动画设定、触发器设定功能外，还有众多强大的交互组件，并在全国率先支持无编程调用微信高级接口，满足不同的设计场景，实现快速设计交付。同时，Epub360采用由简到难的递进式产品设计模式，尊重用户已有的软件使用习惯，在保证专业度的同时，将常用效果组件化，最大限度地降低用户上手的难度，提高设计效率。在众多H5制作工具中，Epub360具有自身的特色，满足以下H5设计的四个层级需求。

一、动画展示

一个生动的H5作品，应具有丰富的动画效果，Epub360除了提供基本的动画外，还支持路径动画、序列帧动画。作为专业级工具，它还支持组合动画及动画组管理、动画时序管理。

二、触发交互

不同于模版类工具，Epub360提供高自由度的交互设计，通过用户的触发行为进行内容的交互呈现，同时通过触发反馈来增强用户的交互体验，支持页面触发、组件触发、动画触发、手势及摇一摇触发。

三、用户交互

Epub360支持微信高级接口，支持微信拍照、录音、身份认证，借助参数变量控制，还可以设计互动级的H5，提升用户的参与度和作品的娱乐性，让读者参与内容的修改，形成读者自己的内容，满足读者的社交需求。

四、数据应用

应用级的H5需要逻辑判断及服务器端的数据交互，Epub360目前已支持参数赋值、交互式表单、评论、投票等功能，无需编写代码，就能完成轻游戏及数据应用H5设计。

参数变量、条件判断、数据库等高级数据组件，可让用户轻松实现测试题、抽奖、社交轻游戏类H5的设计。未来将实现WebApp级别的专业应用可视化设计。

Epub360企业版支持子账号管理，便于多部门异地协同工作。通过企业公共模板库，可以统一设计符合企业业务需求的公共模板，供多部门共享，集中的发布审核流程控制，能确保作品符合企业管理标准。

Epub360除了常规的浏览统计外，还支持自定义推广渠道统计，支持细粒度事件统计。配合触发器，可以对被观测按钮点击次数、目标行为转化率等事件进行行为统计。

▌第二节　Epub360的操作界面

打开网页http://www.epub360.com/，进入Epub360界面，注册并登录，如图9-1所示。

图9-1 Epub360界面

点击右上角"我的工作台"按钮进入作品管理界面，如图9-2所示。

图9-2 作品管理界面

点击"新建作品"按钮进入制作界面，如图9-3所示。制作界面可分为顶部、左、中及右四个区块，包含六个主体区域：资源库、页面列表、预览/发布/更新、组件区、设置面板及页面编辑区。

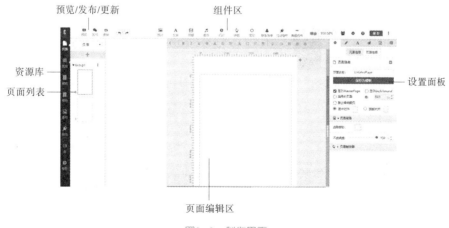

图9-3 制作界面

一、资源库

资源库位于界面的最左侧，包含页面、图层、模板、模块、素材、特效、收藏库，可以进行插入模板、素材、特效等操作。

二、页面列表

　　页面列表紧邻资源库，用户可以在页面列表区域单击鼠标右键或单击"+"号实现页面的新建、复制、粘贴、导出、删除操作，也可以在页面组右侧调整翻页方式，以及通过创建页面组来达到限制翻页的效果。

三、预览/发布/更新

　　"预览/发布/更新"按钮在界面的左上角，点击"预览"后如图9-4所示。点击"后退""前进"按钮可以后退到上一步或前进到下一步。单击"预览"可以预览当前页、预览全部和预览二维码；单击"发布"可以跳转到作品分享设置页面；单击"更新"可以实时更新作品的修改内容。

图9-4　预览/发布/更新面板

四、组件区

　　组件区位于界面的顶端，包括页面设计的基础组件，分别是图片、文本、视频、音乐、幻灯、按钮、图形、联系表单、互动组件及高级组件。

五、设置面板

　　设置面板位于界面的右侧，可以通过顶部工具栏控制其显示与隐藏。工具栏包括六个按钮，如图9-5所示，分别是元素及页面信息面板、背景及边框、文本样式、动画、作品信息、表单。

设置面板主要用来进行交互元素、页面、文档的信息设定；元素、组件的管理与设定；动画序列的管理与设定；触发器的管理与设定；高级表单的管理与设定。

图9-5　设置面板顶部工具栏

六、页面编辑区

页面编辑区位于界面中部，用来完成页面的设计。

第三节　Epub360主要功能介绍

Epub360的主要功能集中在页面列表、组件区及设置面板中。

一、页面列表新建功能

使用新建功能可以新建页面，也可创建Layer，如图9-6所示。

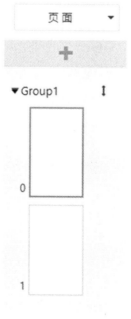

图9-6　新建功能

二、组件区功能

组件区能够帮助用户完成交互作品的主要功能设计，下面详细介绍几个常用的组件。

（一）图片

图片组件包括图片、二维码、DIY图片和图标四个部分，如图9-7所示。图片组件主要用于完成图片的上传与下载，实现图片导入页面的功能。

图9-7 图片组件

①选择"图片"|"图片"，打开素材库，点击"上传"按钮可上传素材，如图9-8所示。

图9-8 上传图片

②上传图片后，点击"下载"按钮可将该图片导入页面，如图9-9所示。

图9-9 下载图片

（二）文本

文本组件包括段落、富文本和艺术字，如图9-10所示。最常用的是"段落"功能，用来插入文字；"富文本"（RTF）用于插入跨文本文档；"艺术字"用于插入艺术字。

图9-10 文本组件

（三）音乐

音乐组件包括背景音乐和音频，如图9-11所示。单击"背景音乐"可打开素材库上传音乐，作为作品的背景音乐。

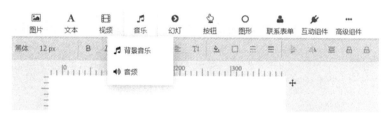

图9-11 音乐组件

（四）幻灯

幻灯组件包括幻灯、序列帧、拼图、内容模板、相册，如图9-12所示。"幻灯"与"序列帧"功能较为常用。

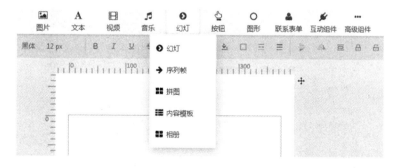

图9-12 幻灯组件

①选择"幻灯"或"序列帧"功能后会出现素材库。

②勾选多张图片，然后依次点击每张图片上的"下载"按钮，可将图片导入页面。

（五）图形

在图形组件中，可创建三角形、圆形、方形、直线等图案，如图9-13所示。

图9-13　图形组件

（六）高级组件

高级组件包含各种功能不同的组件，如图9-14所示。在作品创作过程中，可根据作品的不同需要选择不同的组件，常用的有"Layer容器""拖放目标"组件，可以实现数字出版作品的用户交互设计。

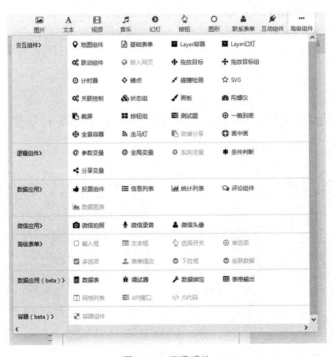

图9-14　高级组件

三、设置面板功能

（一）作品信息

在作品信息面板中可以更改作品名称、切换效果，还可以改变页面尺寸，如图9-15所示。

图9-15　改变作品设置

（二）元素与页面信息

元素与页面信息面板如图9-16所示，主要用到的功能为"改变背景颜色"。如果页面上没有创建段落、图形或图片元素，则"元素信息"按钮呈现灰色，无法编辑。

创建一个元素后，在元素信息面板中，主要会用到"元素组件属性""尺寸与位置""动画""动效""触发器"功能。

图9-16 元素与页面信息面板

（三）文本样式

文本样式面板如图9-17所示。当页面上没有创建段落元素时，"文本样式"按钮呈现灰色，无法编辑。创建段落元素后，可在文本样式面板中改变文字的字体、颜色、字号等。

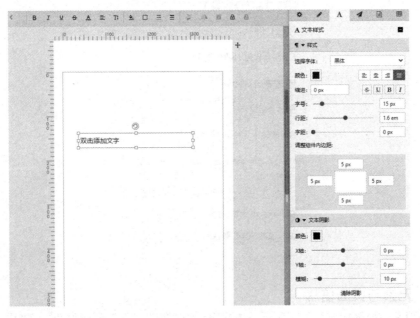

图9-17 文本样式面板

（四）动画

动画面板包括动画序列面板和触发动画面板，如图9-18所示。

①动画序列面板用于管理当前页面上的所有动画（选择"元素信息"|"动态"创建动画）。

②触发动画面板用于管理当前页面上的所有触发动作（选择"元素信息"|"触发器"创建触发动作）。

③移动这些指令的顺序，可改变动画或者触发动作的开始顺序。

图9-18　动画面板

第三篇

新技术篇

第十章
区块链

近年来，计算机和互联网的快速发展为区块链技术的诞生及发展奠定了重要的基础。当前我们正处于飞速发展的数字化时代，"万物互联、融合共享"将成为数字化时代的重要标志。不论在媒体、金融还是游戏等领域，开放、共享、信任将成为数字化时代之所需，而区块链本身则以独特的技术回应并解决了上述需求。因此，目前就技术而言，区块链将是数字化时代的最佳选择，是数字时代的开端。

第一节　区块链的开端与发展

一、比特币与区块链1.0架构

（一）比特币的诞生和发展

2008年11月，中本聪（Satoshi Nakamoto）发表了著名论文《比特币：一种点对点的电子现金系统》（Bitcoin: A Peer to Peer Electronic Cash System）并提出了"比特币"的概念。中本聪认为"借助金融机构作为可信赖的第三方来处理电子支付信息，受制于'基于信用的模式'（trust-based model）的弱点"，他希望创建"一套基于密码学原理，而不是基于信用，使得任何达成一致的双方不需要第三方中介的参与，能够直接进行支付"的完全去中心化的电子支付系统。这种电子支付系统"可以保护特定的卖家免于欺诈；对于想要保护买家的人来说，在此环境下设立通常的第三方担保机制也可谓轻松愉快"，并且具有杜绝伪造货币和杜绝重复支付的作用。[①]随后，中本聪着手开发比特币的发行、交易和账户管理系统。2009年1月，比特币开始发行。比特币的第一个区块（被称为"创世区块"）诞生后，第一批50个比特币宣告问世，由中本

---

① 高航，俞学劢，王毛路. 区块链与新经济：数字货币2.0时代［M］. 北京：电子工业出版社，2016.

聪本人挖出，随后比特币逐渐发展。

2013年比特币发布了0.8版本，完善了比特币节点的内部管理，优化了网络通信，由此比特币开始真正支持全网的大规模交易。

（二）比特币的基本原理

比特币本质上是由分布式网络系统生成的数字货币。从技术上看，其基本原理是采用了对等（Peer to Peer，P2P）网络和分布式数据库系统。比特币在发行过程中不依赖特定的中心化机构，而是依赖分布式网络节点共同参与一种共识过程［这种共识过程也称为工作量证明（Proof of Work，PoW）］来完成比特币交易的验证与记录，以此确保建立全局共享的分布式账本系统。PoW共识过程（俗称"挖矿"，每一个节点称为"矿工"）通常是各节点贡献自己的计算资源来竞争解决一个难度可动态调整的数学问题，成功解决该数学问题的"矿工"将获得区块的记账权，并可将当前时间段的所有比特币交易打包记入一个新的区块，按照时间顺序链接到比特币主链上。同时，比特币系统会发行一定数量的比特币奖励该"矿工"，并激励其他"矿工"继续贡献运算能力。

从流通上看，比特币采用了密码学的原理，每一次比特币交易都会经过特殊算法处理和全体"矿工"验证后记入区块链，确保货币流通各环节的安全性。这不仅使比特币在转移支付过程中具备真实性，也确保了货币所有权与流通交易的匿名性。

（三）比特币与区块链

比特币能够在完全不信任的环境下模拟实际货币的发行和交换，它使区块链进入大众视野，被认为是区块链的第一个应用。

区块链本身是一串使用密码学产生的相关联的数据块，每一个数据块中包含了多次比特币网络交易的有效确认信息。当有加密交易产生时，网络中拥有强大运算能力的"矿工"就会利用算法解密、验证交易，并创造出新的区块来记录最新的一次交易。新的区块会按时间顺序线性地链接到原有区块链的末端，这个账本就得到了增长和延长。通过复杂的公钥和私钥设置，区块链网络将整个金融网络所有交易的账本进行实时广播，并将交易记录实时分发到每一个客户端，保证了每个人只能对自己的财产进行修改。通过这样的过程，各方一同记账、一同公证，全球共享的分布式、去中心化、去信任的账本系统得以形成，中本聪称之为"区块链"。

二、以太坊与区块链2.0架构

（一）以太坊的诞生和发展

以太坊创始人维塔利克·布特林（Vitalik Buterin）在2013年11月发布了以太坊白皮书的初稿，他说："这份初稿是我对我们称之为'密码学货币2.0'领域的长达几个月的思考和工作的结晶，密码学货币2.0简单地说就是把区块链技术应用到货币以外的领域，不再仅仅局限于货币领域。"2014年7月末，以太坊核心团队发布了正式的以太坊网络，标志着以太坊区块链正式运行，区块链2.0的概念也随之产生。

以太坊作为区块链2.0的典型代表，其核心理念是把区块链作为一个可编程的分布式信用基础设施以及支撑智能合约的应用，而不仅仅作为一个虚拟货币的支撑平台，即让区块链成为一个去中心化的虚拟货币和支付平台的同时，通过增加链上的扩展性功能，扩展区块链的技术范围，让它能支撑一个去中心化的市场的各种交易，交易内容可以包括房产的契约、权益及债务凭证、知识产权，甚至汽车、艺术品等。

（二）以太坊的架构与区块链

以太坊的设计仍然以比特币架构为基础，包含基础的分布式数据库结构、加密算法模块、共识机制等，不同的是其提供了一套新的协议（区块链2.0协议）支撑新型的去中心化应用。以太坊最大的特点是通过构建"以太坊虚拟机"（Ethereum Virtual Machine，EVM）支持智能合约的运行，这是以太坊在比特币基础上最具意义的创新点。

EVM是智能合约的执行环境，所有参与以太坊网络的计算机上都有。运行EVM的任一计算机都成为以太坊网络中的一个节点和验证过程的一部分，因而EVM可以看作是由许多互联相接的计算机组成的。EVM是一个完全独立的沙盒，在EVM内部运行的合约代码不能接触到网络、文件系统或者其他进程，而且不同合约之间也只有有限的访问权限。任何人都可以将写好的智能合约编译成EVM字节码，部署到以太坊区块链上，由EVM解释执行，因而任何人都可以为所有权、交易格式和状态转换函数创建商业逻辑。EVM的建立使得用户能更加方便地开发智能合约。

以太坊是一个开放源代码的技术平台，也是一个公共区块链平台。所有开发者可以共同使用它，通过它可实现全球共享、统一记账的功能。简洁、通用、灵活、平等、速度和安全是以太坊的优越特性。随着版本不断迭代，以太坊也逐渐成为稳定的区块链系统。在国际上，作为数字货币支付手段之外，它还可以承载应用程序执行时的运行环境，并且能够支持智能合约的执行。

（三）智能合约

以太坊最重要的贡献是将智能合约引入区块链。

智能合约是一个数字化的、全透明的、去中心化的代码中介，可以把它理解为各种资产的数字化协议。它决定标的资产的归属、所有权以及处理方式。智能合约是一种旨在以信息化方式传播、验证或执行合同的计算机协议，它允许在没有第三方的情况下进行可信交易，并且这些交易可以追踪且不可逆转。智能合约的核心是利用算法程序（或称为脚本）来代替人去执行合约，它可以不受人工干预，自动执行合约中的协议条款，就像一个可以被信任的人按照事先的规则执行操作。执行智能合约的前提是被签订的资产交易在执行前不能被篡改。此外，智能合约程序不只是一个可以自动执行的计算机程序，它本身就是一个系统参与者，可以对接收到的信息进行回应、接受和存储价值，也可以向外发送信息和价值。

值得注意的是，智能合约中的"智能"与人工智能中的"智能"不同，智能合约中的"合约"也不是法律合约，因此我们须从以下不同的角度来认识智能合约。

①从计算机科学角度：智能合约是一套以数字形式定义的承诺，包括合约参与方可以执行这

些承诺的协议，其中承诺是指智能合约参与方同意的权利和义务。这些协议一旦被制定和部署，就能实现自我执行（self-executing）和自我验证（self-verifying），并且不需要人为干预。

②从技术开发者角度：智能合约是一个运行在安全环境下的计算机程序，可以自主地执行全部或者部分和合约相关的操作，并产生相应的可以被验证的证据来说明执行合约操作的有效性。在部署合约之前，与合约相关的所有条款的逻辑流程都已经制定好了。

③从用户角度：智能合约被认为是一个自动担保账户，当满足特定的条件时，程序就会释放和转移资金。[①]

综上所述，去中心化、安全、不可篡改都是区块链技术所具备的特性。因此，最理想的智能合约的底层技术就是区块链技术，它能够保证在智能合约程序执行前，内容合约不被篡改。执行智能合约的脚本就存储在区块链上，当满足条件时，智能合约会自动执行。智能合约的引入意味着区块链技术能记录货币交易，随着更广泛的指令嵌入区块链中，它也意味着各种数字化资产都能够被区块链技术有效支撑。引入智能合约本质上就是引入一个自动化的合约机器，真正实现去中心化。目前，智能合约具有高效的实时更新功能、准确的执行结果、较低的人为干预风险、去中心化权威、较低的运行成本等优点，得到了研究人员和业内人士的广泛认可。

（四）基于区块链的智能合约构建

基于区块链的智能合约构建及执行分为如下三步：

①多方用户共同参与制定一份智能合约：两个以及两个以上的区块链用户根据需要，共同商定一份承诺，承诺中包含双方的权利和义务，这些权利和义务以电子化的方式被编程为机器语言，参与者分别用各自的私钥进行签名，以确保合约的有效性。签名后的智能合约将会根据其中的承诺内容，存入区块链网络中。

②合约通过P2P网络扩散并存入区块链：合约通过P2P的方式在区块链全网中扩散，每一个节点都会收到一份。区块链中的验证节点会将收到的合约先保存到内存中，待新一轮共识时间到来后，触发合约的共识并处理。

③区块链构建的智能合约自动执行：智能合约会定期检查自动机状态，逐条遍历每个合约内包含的状态机、事务以及触发条件。验证通过的事务会进入待共识集合，等大多数验证节点达成共识后，事务会成功执行并通知用户。事务执行成功后，智能合约自带的状态机会判断所属合约的状态，当合约中的所有事务都按顺序执行完毕后，状态机将合约的状态标记为"完成"，并从最新的区块中移除该合约；反之，则标记为"进行中"，继续保存在最新的区块中等待下一轮处理，直到处理完毕。整个事务和状态的处理都由区块链底层内置的智能合约系统自动完成，全程透明、不可篡改。[②]

---

① 朱建明，高胜，段美姣. 区块链技术与应用［M］. 北京：机械工业出版社，2017.

② 熊健，刘乔. 区块链技术原理及应用［M］. 合肥：合肥工业大学出版社，2018.

三、区块链3.0架构与未来

美国区块链专家、区块链科学研究所创立者梅兰妮·斯万（Melanie Swan）在《区块链：新经济蓝图及导读》一书中把超越货币、金融范围的区块链应用归为区块链3.0，特别是在政府、健康、科学、工业、文化和艺术领域中的应用。它还支持广义资产、广义交换，支持行业应用。[①]在区块链3.0阶段，区块链技术的发展将远远超越货币、支付和金融这些经济领域，它对每一个互联网中心代表价值的信息和字节进行产权确认、计量和存储，为各种行业提供去中心化解决方案。区块链的应用也扩展到司法、医疗、物流等各个领域，影响并重塑人类生活的方方面面，例如自动化采购、智能化物联网应用、供应链自动化管理、虚拟资产兑换转移、产权登记等。区块链可以解决信任问题，不用在第三人或者第三方机构获取或建立信任，就能实现信息的共享，提高整个系统的运转效率。

未来，随着人工智能、物联网的发展，区块链将会有越来越广泛的应用场景。相信在不久的将来，区块链能够作为下一代互联网的重要组成部分，解决目前互联网存在的建立信用、维护信用的成本较高等问题，将互联网从现在的信息互联网提升为价值互联网，为人类社会带来更大的正面影响，带来更伟大的创举。

第二节　区块链技术

一、区块链的概念

根据2016年工业和信息化部发布的白皮书，从狭义上来说，区块链是一种按照时间顺序将数据区块以顺序相连的方式组合成的一种链式数据结构，并且以密码学方式保证的不可篡改和不可伪造的分布式账本。"链"是一系列有顺序的交易，需要对这些链上的交易进行验证，每条链构成"组"完成验证，每一组交易称为一个"块"，"块"通过"链"的方式链接在一起。从广义上来说，区块链是利用块链式数据结构来验证与存储数据、利用分布式节点共识算法来生成和更新数据、利用密码学的方式保证数据传输和访问的安全、利用由自动化脚本代码组成的智能合约来编程和操作数据的一种全新的分布式基础架构与计算范式。

二、区块链的部署形式

区块链的部署形式一般可分为公有链（public blockchain）、私有链（private

---

① 邹均，张海宁，唐屹，等. 区块链技术指南 [M]. 北京: 机械工业出版社，2016.

blockchain）、联盟链（consortium blockchain）三种基本形式。联盟链和私有链上的每个节点都需要许可才能加入，因此联盟链和私有链也称为许可链（permissioned blockchain）。在实际应用中，单一的某种区块链往往无法满足用户需求，因此区块链出现了多种形式相结合的方式，例如"私有链+联盟链""联盟链+公有链"等。

（一）公有链

公有链对外公开，任何人都可以参与，并且无须授权就能够访问网络和区块链，并不依赖于单个公司或辖区。节点可选择自由出入网络。公有链上的区块可以被任何人查看，任何人也可以在公有链上发送交易，还可以随时参与网络上形成共识的过程，即决定哪个区块可以加入区块链并记录当前的网络状态。

公有链通过密码学保证交易不可篡改，同时又利用密码学验证以及给予经济上的激励，保证在陌生的网络环境中建立共识，从而形成去中心化的信用机制，因此公有链是大部分人认可的真正意义上的完全去中心化的区块链。公有链的安全由共识机制来维护，其共识机制一般是工作量证明（PoW）或权益证明（PoS），用户对共识形成的影响力直接取决于他们在网络中拥有的资源的占比。

公有链又被称为非许可链（permissionless blockchain），一般适用于虚拟货币、面向大众的电子商务、互联网金融等B2C、C2C或C2B应用场景。比特币和以太坊等都是公有链。

（二）私有链

私有链中各个节点的写入权限仅由某个机构控制，而读取权限可根据需求有选择地对外开放，或者被进行任意程度的限制。很多人认为私有链和中心化数据库并没有太大的区别，所以没有存在的必要。虽然私有链的共识、验证等过程被严格地控制在私有机构范围内，但是私有链仍然具有区块链多节点运行的通用结构。一般认为私有链是一个小范围系统内部的公有链，即从系统外部看，私有链是中心化的；而从系统内部的每个节点看，私有链是去中心化的。因此私有链有其存在的价值。

私有链一般应用于企业内部，例如数据库管理、审计等，也应用于由政府登记、公众监督的一些相对特殊的组织情况，比如承担政府的预算执行和行业数据统计等。

私有链具有以下几方面的优点：

①规则可改变：私有链中允许特权的存在，即运行私有区块链的共同体或公司可以修改该区块链的规则、还原交易、修改余额等。

②交易效率高：私有链所有节点和网络环境都是可控的，因而可采用共识算法减少区块生成时间，提高交易效率。

③交易成本低：私有链中的交易只需被几个授权信任的高运算能力节点验证就可以了，而不需要数万台笔记本的确认，因此交易成本低。

④较好的隐私保护：私有链中的读取权限受到限制，从而可提供更好的隐私保护。

⑤可以没有经济激励机制：私有链中参与记账的节点基本上都是属于某个机构的内部节点，记账本身就是该机构或上级的要求，因此并不完全需要通过经济奖励来激励每一个节点进行记账。

（三）联盟链

联盟链是指由若干机构组成利益相关的联盟，共同参与并维护具有准入机制的多中心化区块链。它是一种需要注册许可的区块链，也称为许可链。联盟链仅限于联盟成员参与，区块链上的读写权限、参与记账权限按联盟规则来制定。由四十多家银行参与的区块链联盟R3和Linux基金会支持的"超级账本"（hyperledger）项目都属于联盟链架构。

联盟链的共识过程由预先选好的节点控制，由某个群体内部选定多个预选节点为记账人，每个块的生成由所有的预选节点共同决定，其他接入节点可以参与交易，但不过问记账过程，任意节点可以通过联盟链提供的开放API进行限定查询。这些区块链可以视为部分去中心化，一般适用于机构间的交易、结算或清算等B2B场景。例如在银行间进行的支付、结算、清算系统就可以采用联盟链的形式，将各家银行的网关节点作为记账节点，当网络上有超过2/3的节点确认一个区块，该区块记录的交易将得到全网确认。联盟链可以根据应用场景来决定对外的开放读取程度。由于参与共识的节点比较少，联盟链一般不采用工作量证明（PoW）的挖矿机制，而是采用权益证明（PoS）或实用拜占庭容错（PBFT）算法、RAFT等共识算法。

联盟链对交易的确认时间、每秒交易数的要求都与公共链有较大的区别，对安全和性能的要求也比公共链高。联盟链可以做到很好的节点间的连接，只需要极少的成本就能维持运行，提供迅速的交易处理和低廉的交易费用，具有很好的扩展性（但是扩展性会随节点的增加而下降），其数据有一定的隐私性。与此同时，联盟链也存在一定的不足。联盟链的应用范围不会太广，缺少比特币的网络传播效应，而且由于节点少，需要预选节点进行记账，不能完全解决信任问题，一旦运用不当则容易造成权力集中，甚至引发安全问题。[①]

基于上述介绍，对区块链三种不同部署形式的分析总结如表10-1所示。

表10-1 区块链三种不同部署形式的对比分析

	公有链	私有链	联盟链
参与方	任何人	单机构	多机构
中心化程度	去中心化	中心化	多中心化
记账节点	全网节点	单机构内自定	多机构预先选定
共识机制	PoW、PoS等	PBFT、RAFT等	PBFT、RAFT等
权限和范围	无	读写权限仅由某个机构控制	读写权限可设定
交易效率	慢	快	快
激励机制	需要	不需要	可选
典型场景	数字货币	数据库管理与审计等	B2B等
典型平台	比特币、以太坊	Hydrachain	超级账本

---

① 熊健，刘乔. 区块链技术原理及应用［M］. 合肥: 合肥工业大学出版社，2018.

三、区块链的基础架构

2016年，相关文献结合比特币系统给出了区块链的六层基础模式。区块链系统由自下而上的数据层、网络层、共识层、激励层、合约层和应用层组成，如图10-1所示。

应用层	可编程货币		可编程金融		可编程社会	
合约层	脚本代码		算法机制		智能合约	
激励层	发行机制			分配机制		
共识层	PoW	PoS	DPoS	PBFT	…	
网络层	P2P网络		传播机制		验证机制	
数据层	数据区块	链式结构	时间戳	哈希函数	默克尔树	非对称加密

图10-1 区块链基础架构模型

该模型中，基于时间戳的链式区块结构、分布式节点的共识机制，基于共识机制的经济激励和灵活可编程的智能合约是区块链技术最具代表性的创新点。其中数据层、网络层和共识层是构建区块链应用的必要元素，少了它们就不存在真正意义上的区块链。而激励层、合约层和应用层则不是每个区块链应用的必要元素，部分区块链应用并不完整地包含这些层结构。

（一）数据层

数据层是区块链的核心部分，封装了底层数据区块以及相关的数据加密和时间戳等基础数据和基本算法，是整个区块链技术中最底层的数据结构。该层涉及的技术主要包括区块结构、默克尔树、非对称加密、时间戳、数字签名和哈希函数等。

（二）网络层

网络层是区块链平台信息传输的基础，主要用于实现网络节点的连接和通信（即P2P技术），使得区块链网络中的每个节点都可以平等地参与共识与记账。

（三）共识层

共识层封装网络节点的各类共识算法，解决在没有中心控制的情况下如何在互相没有信任基础的个体之间就交易的合法性等达成共识的问题。

共识机制决定了系统中各个节点的责任和义务，影响整个系统的安全性和可靠性。

（四）激励层

激励层作为将经济因素引入区块链技术的一个层次，其存在的必要性取决于建立在区块链技术上的具体应用需求。该层主要出现在公有链中，因为在公有链中必须激励遵守规则并参与记账的节点、惩罚不遵守规则的节点，这样才能让整个系统朝着良性循环的方向发展。激励机制往往也是一种博弈机制，让更多遵守规则的节点愿意进行记账。而在私有链中，则不一定需要进行激励，因为参与记账的节点往往在链外完成了博弈，也就是可能有强制力或者有其他需求来要求其参与记账。

（五）合约层

合约层封装了各类脚本、算法和智能合约，形成了可编程性的基础。比特币本身就具有简单脚本的编写功能，而以太坊极大地强化了编程语言协议，理论上也具有编写实现任何功能的应用。如果把比特币看成"全球账本"的话，以太坊可以看作一台"全球计算机"，任何人都可以上传和执行任意的应用程序，并且程序的有效执行能得到保证。数据、网络和共识三个层次作为区块链底层虚拟机，分别承担数据表示、数据传播和数据验证功能，合约层则是建立在区块链虚拟机上的商业逻辑和算法，是实现区块链系统灵活编程和操作数据的基础。包括比特币在内的数字加密货币大多采用非图灵完备的简单脚本代码编程来控制交易过程，这也是智能合约的雏形。随着技术的发展，目前已经出现以太坊等图灵完备的、可实现更为复杂和灵活的智能合约的脚本语言，使得区块链能够支持宏观金融和社会系统的诸多应用。

基于区块链技术的智能合约不仅可以发挥其在成本效率方面的优势，还可以避免恶意行为对合约正常执行的干扰。智能合约与区块链的结合，丰富了区块链本身的价值内涵，其特性有以下几点：

①用程序逻辑中的丰富合约规则表达能力实现了不信任方之间的公平交换，避免了恶意方中断协议等可能性。

②最小化交易方之间的交互，避免了计划外的监控和跟踪的可能性。

③丰富了交易与外界状态的交互，比如可信数据源提供的股票信息、天气预报等。

（六）应用层

应用层封装了区块链的各种应用场景和案例。比如搭建在以太坊上的各类区块链应用就部署在应用层，可编程货币和可编程金融也将搭建在应用层。

四、区块链的核心技术

（一）密码学与区块链

区块链技术的基础是密码学，密码学的基本思想是对信息进行伪装。密码学包括密码编码学和密码分析学两部分。密码编码学主要研究如何设计编码，使得信息编码后让除指定接收者外的其他人都读不懂。密码分析学主要研究如何攻击密码系统，可实现加密信息的破译或信息的伪造。我们将编码前的信息称为明文，将编码后的信息称为密文。从明文到密文的变换称为加密，从密文到明文的变换称为解密。输入不同的参数来进行加密和解密，这个参数被称为密钥，因此信息加密和解密都是在密钥的控制下进行的。

为保证存储于区块链中的信息的安全与完整，区块及区块链的定义和构造中都使用了包含密码哈希函数和椭圆曲线公钥密码技术在内的大量的现代密码学技术。同时，这些密码学技术也被用于设计基于PoW的共识算法并识别用户。

1. 哈希算法

为了保障信息在存储、传输、使用中不被非法篡改，在信息从明文到密文的转化过程中，可以利用哈希函数保证信息的完整性和机密性，同时也构成多种密码体制和协议的安全保障。

密码哈希函数是一类数学函数，可以在有限合理的时间内，将任意长度的信息压缩为固定长度的二进制串，其输出值称为哈希值，也称为散列值。以哈希函数为基础构造的哈希算法在现代密码学中扮演着重要的角色，常用于实现数据完整性和实体认证，同时也构成多种密码体制和协议的安全保障。

2. 默克尔树

默克尔树是一类基于哈希值的二叉树或多叉树，其叶子节点上的值通常为数据块的哈希值，而非叶子节点上的值是该节点的所有子节点的组合结果的哈希值。

在计算机领域，默克尔树大多用来进行完整性验证处理。

默克尔树使得用户可以通过从区块头得到的默克尔树根和别的用户所提供的中间哈希值列表去验证某个交易是否包含在区块中。提供中间哈希值的用户并不需要是可信的，因为伪造区块头的代价很高，伪造会导致验证失败。

3. 对称加密算法与非对称加密算法

在传统密码学中，一般认为加密密钥与解密密钥是一致的，这称为对称加密算法，具有加密和解密处理效率高等优点；但是也存在密钥量大、非技术安全等缺陷，造成密钥管理困难。

1976年，惠特菲尔德·迪菲（Whitfield Diffie）和马丁·E.赫尔曼（Martin E. Hellman）发表论文《密码学的新方向》（New Directions in Cryptography），探索在密钥管理时加密密钥和解密密钥是否可以不一致，提出了非对称密码的思想。1977年，著名的RSA非对称加密算法诞生，在该算法下，加密密钥和解密密钥是可以不一致的，并且其中一个密钥可以公开。通过非对称加解密的方法可以实现区块链上数字货币的验证工作。非对称加密算法弥补了对称密钥算法的缺陷，使数字签名、身份认证得以实现，具有提高信息的机密性、不可伪造性和不可抵赖性等特征。但是非对称密码所依赖的数学计算复杂，导致加密和解密效率相对较低。因此在保密通信过程中，通常综合运用对称加密算法和非对称加密算法。

4. 椭圆曲线加密算法

区块链中所使用的公钥密码算法是椭圆曲线算法，每个用户都拥有一对密钥，一个公开，另一个私有。

1985年，尼尔·科布利茨（Neal Koblitz）和维克托·米勒（Victor Miller）分别提出了著名的椭圆曲线加密算法。如今在区块链中广泛使用的非对称性加解密算法即来源于此。椭圆曲线加密算法具有抗攻击性强、处理速度快、存储空间占用小、带宽要求低等优点，因此在无线网络领域应用前景广泛。利用椭圆曲线加密算法，用户可以用自己的私钥对交易信息进行签名，同时其他用户可以利用签名用户的公钥对签名进行验证。比特币系统的区块链采用的正是椭圆曲线公钥密码系统，其中用户的公钥被用来识别不同的用户，以此构造用户的比特币地址。

（二）分布式P2P网络与区块链

区块链架构作为一种分布式的架构，其部署模式有公有链、联盟链、私有链三种，对应的是去中心化分布式系统、部分去中心化分布式系统和弱中心分布式系统。

分布式系统中，多个主机通过异步通信方式组成网络集群。在这样的一个异步系统中，需要主机之间进行状态复制，以保证每个主机达成一致的状态共识。然而，异步系统中可能出现故障主机无法通信、主机的性能下降、网络拥塞等问题，从而导致错误信息在系统内传播。因此需要在默认不可靠的异步网络中定义容错协议，以确保各主机达成安全可靠的状态共识。

要使区块链成为一个难以攻破的、公开的、不可篡改数据记录的去中心化的诚实可信系统，需要在尽可能短的时间内做到分布式数据记录的安全、明确及不可逆，提供一个最坚实且去中心化的系统。在实践中，该流程分为两个方面：一是选择一个独特的节点来产生一个区块；二是使分布式数据记录不可逆。实现上述流程的技术核心就是共识机制。共识机制是区块链节点就区块信息达成全网共识的机制，可以保证最新区块被准确添加至区块链，以及节点存储的区块链信息一致不分叉，甚至可以抵御恶意攻击。

从1999年到2001年，Napster、eDonkey和BitTorrent P2P网络先后出现，奠定了P2P网络计算的基础。P2P网络是一种分布式网络，在P2P网络环境下，网络的参与者共享其所拥有的CPU、存储等硬件资源，这些共享资源需要由网络提供服务和内容，并能被其他P2P节点直接访问而无须经过中间实体。彼此相连的计算机的地位是相等的，各个计算机节点直接相连，节点可以自由进入和退出，不存在中心化的服务器。P2P网络有利于提高互联网运行速度，加快数据传输以及信息共享。P2P网络是区块链系统连接各P2P节点的组网技术，是构成区块链技术架构的核心技术之一，它保证了区块链的分布式系统，即没有中心枢纽，实现了"去中心化"。

在20世纪80年代出现的分布式系统共识算法，是区块链共识算法的基础。下面从基本的拜占庭容错技术入手，逐步介绍适合私有链、联盟链和公有链的共识算法。

当前区块链主流的共识机制有四类：PoW、PoS、DPoS、分布式一致性算法。

1. PoW

PoW（Proof of Work），即工作量证明，类似比特币的"挖矿机制"。"矿工"通过把网络中尚未记录的现有交易打包到一个区块，然后不断遍历，尝试寻找一个随机数，使得新区块加上随机数的哈希值满足一定的难度条件。找到满足条件的随机数，就相当于确定了区块链最新的一个区块，也相当于获得了区块链的本轮记账权。"矿工"把满足挖矿难度条件的区块在网络中广播出去，全网其他节点在验证了该区块满足挖矿难度条件，同时区块里的交易数据符合协议规范后，再各自把该区块链接到自己版本的区块链上，从而在全网形成对当前网络状态的共识。

优点：完全去中心化，节点自由进出，避免了建立和维护中心化信用机构的成本；只要网络破坏者的算力不超过网络总算力的50%，网络的交易状态就能达成一致。

缺点：目前比特币挖矿造成大量的资源浪费，另外挖矿的激励机制也造成矿池算力的高度集中，背离了当初去中心化设计的初衷；PoW机制达成共识的周期较长，每秒最多只能做7笔交易，不适合商业应用。

2. PoS

PoS（Proof of Stake），即权益证明，要求节点提供拥有一定数量的代币证明来获取竞争区块链记账权的一种分布式共识机制。如果单纯依靠代币余额来决定记账者，必然使得富有者胜出，导致记账权的中心化，降低共识的公正性，因此不同的PoS机制在权益证明的基础上，采用不同方式来增加记账权的随机性以避免中心化。例如点点币（Peercoin）PoS机制中，拥有越长链龄的比特币获得记账权的概率就越大。NXT和Blackcoin则采用一个公式来预测下一个记账的节点。拥有越多的代币，被选为记账节点的概率就会越大。未来以太坊也会从目前的PoW机制转换到PoS机制。就目前看到的资料而言，以太坊的PoS机制将采用节点下赌注的方式来赌下一个区块，赌中者有额外以太币奖，赌不中者会以被扣以太币的方式来达成下一区块的共识。

优点：在一定程度上缩短了共识达成的时间，减少了PoW机制的资源浪费。

缺点：破坏者对网络进行攻击的成本低，网络的安全性有待验证；拥有代币数量多的节点获得记账权的概率更大，这会使得网络的共识受少数富裕账户支配，从而失去公正性。

3. DPoS

DPoS（Delegated Proof of Stake），即股份授权证明机制，类似于董事会投票。比特股（bitshares）采用的PoS机制是持股者投票选出一定数量的见证人，每个见证人按序有两秒的权限时间生成区块，若见证人在给定的时间片不能生成区块，则区块生成权限交给下一个时间片对应的见证人。持股人可以随时通过投票更换这些见证人。DPoS的这种设计使得区块的生成更为快速，也更加节能。

优点：大幅缩小参与验证和记账的节点的数量，可以达到秒级的共识验证。

缺点：选举固定数量的见证人作为记账候选人有可能不适合完全去中心化的场景；在网络节点数少的场景中，选举的见证人的代表性不强。

4. 分布式一致性算法

分布式一致性算法基于传统的分布式一致性技术，分为解决拜占庭将军问题的拜占庭容错算法，如PBFT（Practical Byzantine Fault Tolerance），以及解决非拜占庭问题的算法。前者是目前联盟链和私有链场景中常用的共识机制。

优点：能实现秒级的快速共识机制，保证一致性。

缺点：去中心化程度不如公有链上的共识机制；更适合多方参与的多中心商业模式。

五、区块链技术的特点

（一）分布式（去中心化）结构

区块链数据的存储、传输、验证等过程均基于分布式的系统结构，与传统集中记账方式不同，整个网络不依赖一个中心化的硬件或管理机构。区块链的账本不是存储于某一个数据库中心，也不需要第三方权威机构来负责记录和管理，而是分散在网络中的每一个节点上，每个节点都有一个该账本的副本，全部节点的账本同步更新。作为区块链的一种部署模式，公有链中所有参与的节点的权利和义务都是均等的，系统中的数据块由整个系统中具有维护功能的节点来共同维护，任一节点停止工作都不会影响系统整体的运作。

（二）集体维护

区块链系统的数据库采用分布式存储的方式，任一参与的节点都可以拥有一份完整的数据库拷贝，任一节点的损坏或失去都不会影响整个系统的运作，整个数据库由所有具有记账功能的节点来共同维护。一旦信息经过验证并添加至区块链，就会永久地存储起来，除非能够同时控制系统中超过51%的节点，否则单个节点对数据的修改是无效的。参与系统的节点越多，数据库的安全性就越高。

（三）时序不可篡改

区块链采用了带有时间戳的链式区块结构存储数据，从而为数据添加了时间维度，使数据具有极强的可追溯性和可验证性；同时又通过密码学算法和共识机制保证了区块链的不可篡改性，进一步提高了区块链的数据稳定性和可靠性。

（四）开源可编程

区块链系统通常是开源的，代码高度透明，公有链的数据和程序对所有人公开，任何人都可以通过接口查询系统中的数据。区块链平台还提供灵活的脚本代码系统，支持用户创建高级的智能合约、货币和去中心化应用。例如以太坊平台提供了图灵完备的脚本语言，供用户来构建任何可以精确定义的智能合约或交易类型。

（五）安全可信

区块链技术采用非对称密码学原理对交易进行签名，使得交易不能被伪造；同时利用哈希算法保证交易数据不被轻易篡改，借助分布式系统各节点的PoW等共识算法形成强大的算力来抵御破坏者的攻击，保证区块链中的区块以及区块内的交易数据不可篡改和不可伪造，因此具有极高的安全性。通过数学原理和程序算法，区块链能确保系统运作规则公开透明，使交易双方在不需要借助第三方权威机构信用背书的情况下达成共识，在去信任的环境中自由安全地交换数据，使得对人的信任转变为对机器的信任，任何人为的干预不起作用。

（六）开放性

区块链是一个开放的、信息高度透明的系统，任何人都可以加入区块链。除了交易各方的私有信息被加密外，所有数据对其上的每个节点都公开透明，每个节点都可以看到最新的完整的账本，也能查询到账本上的每一次交易。

（七）准匿名性

由于节点之间的交换遵循固定的算法，其数据交互是无须信任的（区块链中的程序规则会自行判断活动是否有效），因此交易对手无须通过公开身份的方式让对方对自己产生信任，这对信用的累积非常有帮助。区块链系统采用与用户公钥挂钩的地址来做用户标识，不需要传统的基于

PKI（Public Key Infrastructure）的第一方认证中心（Certificate Authority，CA）颁发数字证书来确认身份。通过在全网节点运行共识算法，可建立网络中的诚实节点对全网状态的共识，间接地建立了节点间的信任。用户只需要公开地址，不需要公开真实身份，而且同一个用户可以不断变换地址。因此在区块链上的交易不必和用户真实身份挂钩，只是和用户的地址挂钩，具有交易的准匿名性。[①]

第三节 区块链技术对出版产业的影响

一、版权保护面临的主要问题

版权也称为"著作权"，从狭义上看，是指文学艺术和科学作品的创作者对其所创作的作品依法享有的人身权和财产权；从广义上看，由作品的传播者（如表演者、录音录像制品制作者、出版者、广播组织）等所享有的邻接权，一般也属于著作权范围，同样受著作权法保护。著作权是知识产权的一种，具有无形性、专有性、时间性和地域性特征。

在我国，版权自作品创作完成之日起产生，但是在主张权利、提起权利纠纷或诉讼时，还需要版权登记证明，其他版权登记部门、第三方平台登记备案或大众版权认证中心的证明文件以及司法鉴定机构的文件才能合理保护版权。近年来，随着大众的版权意识不断提升，版权确认和保护需求持续上升，版权产业规模不断扩大，但也面临一些问题。

（一）版权登记程序复杂

虽然"版权自作品创作完成之日起产生"（依据《著作权法》的定义），但版权于何时、何地产生，由谁持有，却依然需要"被证明"。如何证明自己创作的作品的版权是属于自己的？

版权登记制度旨在解决版权归属问题，每一位创作者将已完成的作品提交至各地版权保护中心完成登记，实现版权信息在公信力机关的备案。复杂的流程与冗长的周期，难以适应当今多样化的传播渠道和高时效性的传播手段，给盗用者可乘之机，绝大多数创作者处于"侵权不期而遇，维权不了了之"的境地。

（二）产品的中间版本缺乏保护

作品的雏形、草稿，尚处于未完成状态，算不上是完整的"作品"。然而，这些素材依然具有相当高的价值，其创作理念已经能够充分反映终稿的形态。但大量创作者却忽视了对这些材料的保护，为日后遭遇侵权时无法提供有效的创作证据埋下了隐患。若能建设一个为完整创作周期提供保护服务的平台，就能让创作者的利益得到更好的保障。

---

① 熊健，刘乔. 区块链技术原理及应用 [M]. 合肥: 合肥工业大学出版社，2018.

（三）数字产品版权保护困难

随着信息的数字化、网络化程度不断加深，版权制品的载体逐步由传统的纸质稿件、实物作品转变为各种类型的数字化文档。互联网是当前版权制品的重要传播途径之一。通过数字化设备创作、生产数字化作品，并且使用互联网进行发布与传播，这一方式已经脱离了传统"登记制度"的适用范畴，需要有新的方式进行补充、完善。而且，数字化作品传播速度快、可复制程度高的特点，进一步增加了创作者的维权难度。[①]

二、密码共识加强版权保护

密码共识机制提供了密码身份、密码授权、时间戳、分布式账本、区块链等加强个人信息权属和信息公证的机制，能够有效地解决版权的确权、用权、维权三大问题，已经成为版权保护领域备受关注的解决方案。

（一）优化版权确权流程

密码共识在版权领域的核心功能是对文字作品、影视、音乐和图片的版权进行确权，是构建新型版权生态的基础。区块链技术为作品名称、权利人和登记时间等核心信息生成唯一对应的数字指纹，并将数字指纹封存于不可篡改的区块链数据中，实现版权信息的永久存证，以技术公信力和可信度对版权进行确权。

每一个作品的权属信息，经过哈希算法、非对称密码、时间戳技术、链式数据结构以及节点间的共识机制，最终在密码共识网络中生成唯一的、真实的且不可篡改的存在性证明。这一证明将通过整个区块链系统的可靠性为其背书，作为作品的权属证明。

将密码共识引入版权保护领域，提升了版权保护行为的便捷性，在降低了版权保护门槛的同时也扩展了版权保护所能覆盖的范围，让更多不同类型、不同阶段、不同层次的作品获益，提高了确权效率，不同版本、不同阶段的作品均可获得保护。

（二）提高版权使用流转效率

完善的确权是用权的基础。利用区块链的优势能够对版权的生命周期进行全流程追溯。从作品的产生开始，版权的每一次授权、转让，都能够被恒久地记录和追踪，这不仅能够优化创作者对作品的管理方式，同时也能够为各类纠纷提供准确的司法取证。

通过与确权功能相配套并紧密结合的区块链交易平台，每一个经过区块链登记的作品都能够在区块链上展示。作品在区块链确权时获得的信息——数字指纹、区块链地址、区块链时间戳等，能够在区块链版权平台随着作品样例的展示而得到公示，从而强化版权真实性，为作品交易的双方都提供更优质的保障。在交易完成后，版权的流转情况或者授权情况，将同步记录在区块链系统内进行存证，对交易内容起到防篡改、防抵赖的技术保障。

---

① 刘昌用，胡森森，钟廷勇，等. 区块链：密码共识原理、产业与应用 [M]. 北京：电子工业出版社，2018.

在履约情况追查方面，伴随区块链而诞生的智能合约，将会是一种更自动化、智能化的解决方案。智能合约能够自动追踪履约情况、限制交易执行，非常适合产生、流转、消费过程短、频、快的互联网版权，契合了时代特征，让"用权"变得更简单与便捷。

（三）降低版权维权成本

明确的权利归属是维权的前提条件。现阶段我国司法程序对于著作权纠纷遵循"谁主张、谁举证"的原则，这就意味着一旦侵权发生，创作者为了维护自身的利益就必须承担举证的义务。然而举证涉及两个方面：一是创作者自身对于作品拥有权利的证明；二是侵权行为切实发生的证明。

区块链在版权领域的应用为创作者更加高效地维护权益提供了完善的解决方案。所获得的侵权证据能够被进一步提交至区块链系统实现证据固化，强化证据的有效性，形成不可篡改的电子证据。对创作者而言，更加简化的取证流程与更具主动性的侵权检测手段，不仅提升了维权的效率和效力，而且能够使整个社会进一步提升版权保护意识。

区块链版权领域达成了确权、用权、维权在应用层面的统一，让原本相互割裂、分离的各个过程能够通过区块链信息得到紧密联系。任何作品的数字指纹、区块链地址、流转记录、维权信息在区块链系统内具有唯一的、永久的证明。基于此，能够实现对作品"全生命周期"的集中化管理，这是传统分离式管理所不具备的优势。

（四）构建新型版权生态

技术革新通常会推动产业革新。通过便捷的确权、用权、维权，所获得的效果并不仅仅体现为确权方便，用权可靠，维权有效。当版权服务得到整体性的提升，各个方面得到优化升级时，最终整个社会对于版权保护服务的意识、能力和态度将呈现一种链式反应，这将促进整个版权生态的不断健全。[①]

三、相关案例——纸贵互联网科技有限公司

西安纸贵互联网科技有限公司（简称"纸贵"）成立于2016年7月，提供区块链版权服务。2017年7月，纸贵建立起了确权、维权、IP（知识产权）孵化和BaaS（区块链即服务）四大板块的版权服务，版权数据规模达到500万件，登记量突破30万件。

同时，纸贵还与西安交通大学共同设立了全国首个区块链技术与法律创新研究实验室，正式建立科技区块链硅谷实验室。纸贵还为优客工厂及其旗下品牌的所有场地的入驻企业提供专业的知识产权服务，如著作权登记、区块链版权存证服务、媒体链平台等。

① 刘昌用，胡森森，钟廷勇，等. 区块链：密码共识原理、产业与应用 [M]. 北京：电子工业出版社，2018.

第四节　区块链面临的挑战以及未来发展趋势

一、区块链技术面临的难题与挑战

区块链技术被认为是对现有模式的颠覆与创新，是在全球范围内引起新的技术革新和产业变革的计算机集成应用技术，前景广阔。但同时，区块链技术也存在诸多风险，例如区块链的安全隐患、生态圈不成熟、性能瓶颈以及智能合约困境等问题。以下简要概述上述区块链技术面临的难题，以便读者更加全面、客观、理性地看待区块链技术。

（一）安全隐患

1. 密钥安全

区块链密钥技术的特点是不可逆、不可伪造，但前提是私钥是安全的。密钥安全问题看似老生常谈，其实在区块链世界里还有特别的意义。在区块链体系中，私钥是每个用户自己生成并且自己负责保管的，理论上没有第三方的参与，所以私钥一旦丢失，便无法对账户的资产做任何操作。多重签名某种程度上能解决一部分问题，但实施起来非常复杂，而且要设计与之配套的非常复杂的密钥管理和使用体系。

普通用户或者没有太多技术经验的企业用户，会觉得补私钥可能和补身份证或者营业执照差不多，但是事实上完全不同，所以私钥的安全性非常重要。遗憾的是，国际通用的多因素认证体系实施得并不好。多因素认证体系最常见的维度有三个，分别是知识（知识指的是密码这类能被记忆的知识）、资产（资产包括门禁卡、令牌、手机、密码键盘和智能卡等）和本征（本征包括指纹、虹膜、DNA和声纹等）。

仅仅使用一种维度因素的认证方式叫单因素认证，目前早已被业界认为是不安全的，所以与支付相关的应用除了输入密码以外，至少还得发一个验证码到手机，这就是对手机这一资产的因素验证。但进行大部分资产的因素验证时并不具有理论上要求的可信环境，或者称之为终端安全，这就大大提高了私钥暴露的风险。比如，严格来说，大部分手机都不算可信的计算环境，但是因为太方便了，所以大家做了很多妥协。这在保护低价资产的时候还可以忍受，但大家用区块链多是为了保护具有重要价值的业务。

即便采用包含本征因素的三因素认证，也仍然无法从根本上解决密钥安全问题。事实上，安全领域专家对使用本征因素存在非常多的争议，主要的反对理由是大部分本征类别是生物特征，一旦泄露将很难更改。试想，一旦我们的指纹落入不法分子手里，可能终身都会受其困扰，从以往的经验来看，这种事情的大规模发生只是早晚的问题。

综上所述，密钥的补发与管理和区块链的分布式是冲突的，密钥的认证需要的可信计算环境在很大程度上是缺失的。

2. 错误的实现

即便是理论上很完备的算法也会有各种实现上的错误。区块链大量应用了各种密码学技术，属于算法高度密集工程，出现错误是在所难免的。

曾是世界上最大交易所的Mt.Gox的倒闭就是因为黑客攻击导致巨额资产损失。无独有偶，世界知名交易所Bitfinex也因为多重签名缺陷而损失了12万个比特币。

综上所述，未来在区块链上对这种技术风险的防范一定是流程中的重中之重。

3. 协议被攻击

比特币的发展与它强大的算力基础分不开，目前其他的区块链应用的算力都无法与比特币相比，因此无法保证系统的稳定性。其他的区块链应用在理论上也较容易受到如"51%算力攻击"这样的基础协议层面的攻击。Krypton平台就曾遭到这种攻击，而且这种攻击方法被认为是一个有效的攻击以太坊的手段。这种事情并不是偶发的，而是接连发生。如果"51%算力攻击"蔓延下去，那么区块链所标榜的"不可篡改"将不复存在，任何基于区块链的信任应用都将土崩瓦解。除了这种已知的攻击方法，随着黑客技术的进步，可以预测攻击协议的其他手段也会层出不穷。区块链本身的分布式特性导致其进行整体升级非常困难，所以一旦发现有效的攻击手段，可能在很长的一段时间内对区块链系统都会造成持续不断的负面影响，那将是一种难以彻底清除的梦魇。

（二）生态圈不成熟

区块链技术不能独立于其他关联技术而独立发展，这和云计算类似。亚马逊的云计算在大规模商用时已经有了数十个服务器，区块链目前还没有完整的生态社区。虽然目前有很多非常强大的公司联盟、开源组织的支持，但是生态体系的建设不是一朝一夕的事情。

再好的区块链也得有一系列为其服务的基础设施，比如适用于区块链的数据库和存储方案，能为区块链加速的网络服务，能提高安全性且能广泛应用的硬件密钥等。互联网于20世纪60年代末产生，90年代，Email作为其第一个成功的应用被广泛使用，其经历的时间比大部分人预想的都要长。构筑完善的生态系统，不但要求技术上的各种突破，也需要人们改变一些思维定式，并不是那么容易的。

目前的区块链应用生态还很小，想要形成具有规模的生产力还有很长的路要走。少数进展比较快的项目，比如IPFS、BigChainDB等都还处于非常早期的阶段，离商用还有很长的路要走。

（三）性能瓶颈

低成本快速转账是区块链的优势，但从比特币的实际应用来看，这一性能是困扰其发展的最大瓶颈。现在的比特币交易只能达到每秒7笔交易，相对于VISA公布的每秒44万笔交易差得太远。虽然也有些新的区块链技术号称能够做到每秒几万笔交易，但是基本上都是基于实验室环境或者不能进行大规模应用，这显然会极大地制约区块链的应用场景。

纽约证券交易所对核心系统的要求在每秒百万笔级别，上海证券交易所和深圳证券交易所则在每秒几十万笔级别，物联网要求在每秒几千乃至上万笔级别，这也就是为什么现在国外的区块链创新都围绕鉴定、存证等对处理速度要求不高的场景。目前市面上充斥着各种性能评测报告，但多数都没有具体测试方法和实验参数，导致很难验证，不得不说这是一个非常遗憾的事实。目前比特币的交易网络中有大量交易需要等待5～6小时才能被确认，对于提升其性能的方法，人们存在很大的争议，其根本原因就是在分布式、一致性得到保证的前提下，性能被牺牲掉了。"多、快、好"的完美方案是不存在的，我们选择了"多"（分布式）和"好"（一致性），就不得不放弃"快"（性能）。性能瓶颈导致了比特币转账费用持续攀升，如何应对这类问题，也必将是其他区块链应用绕不开的主题之一。

（四）智能合约困境

有一种极端的观点认为，智能合约就是"潘多拉魔盒"，它的出现只是噩梦的开始。

现在的智能合约是图灵完备的，理论上它的计算能力和我们用的计算机是完全等价的，所以它会带来非常大的好处。这是区块链技术质的飞跃，但同时也会带来与之相对应的灾难。比如计算机出现后出现了计算机病毒，智能合约理论上也会存在智能合约病毒，这种病毒可以通过感染修改其他合约的方式来实现合约作者意图之外的功用。这并非耸人听闻的科幻小说，相信这一天不久就会到来，其影响一定会远远超过计算机病毒。另外，智能合约很难与人的真实意图完美对应，理论上也不存在这样的系统。智能合约的编写需要专门的技术，相信短时间内这方面的人才会非常短缺。智能合约在编写上的困难性会带来一批衍生机会，比如智能合约律师，负责验证智能合约与法律的衔接问题；或是智能合约保险，一旦智能合约不能表达产权人的真实目的，产权人可以获得一定的赔偿。

正确性验证与证明（Validation and Verfication）某种程度上能解决一些问题，但其缺点是不成熟、实施成本巨大，所以也有待新的技术突破。现阶段的智能合约有非常大的限制，就是升级非常困难。一旦发现合约漏洞，将很难通过升级的方式来解决问题。以太坊因为DAO攻击事件，无奈地采取硬分叉策略，这是大家都不愿意看到的。

现实的合同基本上都有一条条款约定"未尽事宜协商解决"，目前智能合约在这方面还有很多值得研究和探讨的课题。预计未来的智能合约也会变得非常复杂，甚至一般的程序员都很难理解。

二、区块链技术未来发展趋势[①]

区块链技术发端于虚拟货币。自2009年以来，虚拟货币在全球范围内兴起，区块链技术逐步走进人们的视野。当前各国政府、产业界以及学术界都高度关注区块链的应用发展，相关的技术创新和模式创新不断涌现。中国信息通信研究院组织了专题团队，对区块链技术演进、应用发展、安全与监督等进行了研究。2017年5月，在中国国际大数据产业博览会新闻发布会

---

① 资料来源：中国信息通信研究院官方网站，2017-05-27，有删减。

上，中国信息通信研究院发布了《全球区块链应用十大趋势》报告，总结了未来区块链发展的趋势。

（一）区块链行业应用加速推进，从数字货币向非金融领域渗透扩散

区块链技术作为一种通用性技术，从数字货币加速渗透至其他领域，和各行各业创新融合。该报告认为，未来区块链的应用将由两个阵营推动：一是信息技术阵营。从信息共享着手，以低成本建立信用为核心，逐步覆盖数字资产等领域。二是加密货币阵营。从货币出发，衍生至资金、资产端，并向征信和一般信息共享类应用扩散。

（二）企业应用是区块链的主战场，联盟链、私有链将成为主流方向

目前企业的实际应用集中在数字货币领域，属于虚拟经济。报告认为，未来的区块链应用将脱"虚"向"实"，更多传统企业将通过使用区块链技术来降成本，提升协作效率，激发实体经济增长。

与公有链不同，在企业级应用中，大家更关注区块链的管控、监管合规、性能、安全等因素。因此报告认为，联盟链和私有链这种强管理的区块链部署模式，更适合企业在应用落地中使用，是企业级应用的主流技术方向。

（三）应用催生多样化的技术方案，区块链性能将不断得到优化

未来区块链应用将从单一向多元方向发展。票据、支付、保险、供应链等不同应用，在实时性、高并发性、延迟和吞吐等多个维度上将实现高度差异化。这将催生出多样化的技术解决方案。报告认为，区块链技术还远未定型，在未来一段时间内还将持续演进，在共识算法、服务分片、处理方式、组织形式等技术环节上都有提升效率的空间。

（四）区块链与云计算的结合越发紧密，BaaS有望成为公共信任基础设施

区块链与云的结合有两种模式：一种是区块链在云上，另一种是区块链在云里。后面一种，BaaS，也就是"区块链即服务"，是指云服务商直接把区块链作为服务提供给用户。未来云服务企业将越来越多地把区块链技术整合至云计算的生态环境中，通过提供BaaS功能，有效降低企业应用区块链的部署成本，降低创新创业的初始门槛。

（五）区块链安全问题日益凸显，安全防护需要从技术和管理上全局考虑

区块链系统从数学原理上讲，具有公开透明、难以篡改、可靠加密等优点。但是，从工程上来看，它的安全性仍然受到基础设施、系统设计、操作管理、隐私保护和技术更新迭代等多方面的制约。未来需要从技术和管理上全局考虑，加强基础研究和整体防护，这样才能确保应用安全。

（六）区块链的跨链需求增多，互联互通的重要性凸显

随着区块链应用的深化，支付结算、物流追溯、医疗病历、身份验证等领域的企业或行业都将建立各自的区块链系统。报告认为，未来这些区块链系统间的跨链协作与互通是一个必然趋势。可以说，跨链技术是区块链实现价值互联网的关键，区块链的互联互通将成为越来越重要的议题。

（七）区块链竞争日趋激烈，专利争夺成为竞争的重要领域

随着参与主体的增多，区块链的竞争将越来越激烈，竞争是全方位的，包括技术、模式、专利等维度。报告认为，未来企业将在区块链专利上加强布局。2014年以来，区块链专利申请数量出现爆发式增长。区块链专利主要分布在美国、英国、中国和韩国，未来将维持这一格局。中美专利差距在缩小，中国在2016年的申请量已超越美国。可以预见，未来的区块链专利争夺将日趋激烈。

（八）区块链投资持续火爆，代币众筹模式累积风险值得关注

区块链成为资本市场追逐的热点。与其他科技领域的融资模式不同，区块链领域出现了一种被称为"代币众筹"的模式，即Initial Coin Offering（ICO），这是创业公司发行代币、募集资金的一种众筹方式。2016年，全球代币众筹的份额已占区块链相关风险投资总额的48%。随着代币众筹交易量的攀升，其缺乏审核、价值波动巨大、处于监管边缘等风险将随之增大，值得关注。

（九）区块链技术与监管存在冲突，但矛盾有望进一步调和

区块链的技术特性与传统的企业管理和政府监管体系不协调，但也应该看到区块链给监管带来的机遇。报告认为，未来企业将积极迎合监管需求，在技术方案和模式设计上主动内置监管要求，不仅要做到合规运作，还要大幅度节约监管合规的成本。未来全球的监管部门也将拥抱区块链这项新的监管科技，用新科技提升政府监管效能。

（十）可信是区块链的核心要求，标准规范的重要性日趋凸显

未来区块链的标准，将从用户的角度出发，以业务为导向，从智能合约、共识机制、私钥安全、权限管理等维度，规范区块链的技术和治理，增强区块链的可信程度，给区块链的信任增加砝码。

第十一章
大数据技术

第一节　大数据的产生和发展

　　互联网的普及和信息技术的快速发展，带动了物联网、电子商务、现代物流、网络金融等现代行业的兴起，同时智慧城市、共享经济等新兴产业也如雨后春笋般蓬勃发展。信息化深入各行各业，为大量数据的传输和存储提供了基础。各种业务数据海量爆发，传统的信息处理技术已经无法深入解决海量数据的收集、存储、格式、检索、分析以及应用等方面的诸多问题。目前，人类社会活动产生的数据也与日俱增，这些数据已涉及人类社会生活的方方面面，不仅积累到了一定程度，而且也成为一种重要的生产要素。这些海量的数据被称为"大数据"。

　　大数据的出现是继工业革命以来给人类社会带来巨大冲击、引起社会重大变革和发展的又一起大事件。20世纪中期的信息技术革命是人类智能化的起步，大数据是智能化的核心。大数据时代的来临使人类拥有更多的机会和条件在各个领域深入获得和使用数据，进而深入探索现实世界的规律。

一、人类对数据的认知

　　从文明之初的"结绳记事"到文字发明后的"文以载道"，再到近现代科学的"数据建模"，数据一直伴随着人类社会的成长和变迁。人类对数据的认知最早可以追溯到"数觉"（数觉指的是在一个小的集合里，增加或减去一个元素时，能够明确辨识出其中发生的变化）。随后逐渐形成"数值"的概念。在数值的基础上，人类发明了计数、算数、模拟计算和电子计算。1946年电子计算机的发明和广泛应用，将人类从繁重的脑力劳动中解放出来，使人类掌握数据、处理数据的能力高速发展，并且推动人类社会迈向信息化。后来，随着人类需求的膨胀与软硬件技术的发展，工具、算法、设备等不断出现，人类有了"数据"的认知。在智能化社会的演绎推动下，数据的量呈指数级增长，"大数据"时代迎面而来。在人类对数据进行认知的过程中，人们的观念也在不断变化：在数据时代，计算是中心；在大数据时代，数据是中心。图11-1即人类对数据认知的经历的展示。

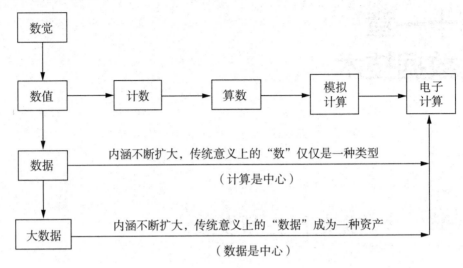

图11-1　人类对数据认知的趋势图

二、大数据产生的背景

普适计算之父马克·韦泽（Mark Weiser）说："最高深的技术是那些令人无法察觉的技术，这些技术不停地把它们自己编织进日常生活，直到你无从发现为止。"[①]近年来，人们深度运用IT技术，新的IT技术由大数据、云计算、移动互联网和社交网络组成，它们主宰着人们的日常生活并驾驭各个目标领域，与此同时，产生的海量数据充斥着整个世界。面对大数据这样一种新的资源，合理、高效地利用它，能够为人们带来更大的效益和价值。目前，在科学研究、物联网、互联网、移动设备等领域，数据量呈现快速增长的趋势。

（一）科学研究产生大数据

随着各种科研仪器的快速发展，人们对科学研究领域进行数据采集的能力和技术手段获得了极大的提高，由此产生了海量的复杂数据。在这样的环境下，科研人员要分析数据，从而发现新的科学规律，客观上要求科学研究方法也随之发生变化。

1. 气象与地理领域

中国幅员辽阔，国家气象局保存的数据约为4～5拍字节（PB），每年大约增加数百个太字节（TB），各种地图和地理位置信息每年大约增加数十太字节（TB）。

2. 政务与教育领域

以北京市为例，北京市政务数据资源网涵盖旅游、教育、交通、医疗等门类，一年上线公布

① 杨尊琦. 大数据导论 [M]. 北京：机械工业出版社，2018.

400余个数据包。政务数据多为结构化数据。[①]

（二）物联网的应用产生大数据

目前，物联网在智能工业、智能农业、智能交通、智能电网、节能建筑、安全监控等行业都有应用，物联网设备通常每隔几秒就收集一次数据，从而催生了大数据。

1. 交通领域

航班往返一次就能产生太字节（TB）级别的海量数据；列车、水陆路运输产生的各种视频、文本类数据，每年保存下来的也达到数十拍字节（PB）。

2. 城市建设领域

以深圳市为例，深圳平均每千米分布510辆机动车，全城拥有约1.5万个大社区、5500个大公司、几百个大商圈，日均产生约7亿条交通数据。

3. 电力与石化行业领域

仅国家电网采集获得的数据总量就达到10个拍字节（PB），石化行业、智能水表等每年产生和保存下来的数据量也达到数十拍字节（PB）。[②]

（三）互联网的发展产生大数据

为了进行有效的市场营销、推广和改善用户体验，用户在网上的每个点击及其事件都被记录下来，而这些日志数据量通常较为巨大。利用这些海量数据，服务提供商可以对用户存取模式进行仔细的分析，从而提供更加具有针对性的服务。

1. 阿里巴巴

阿里巴巴旗下的淘宝网，每天有超过数千万笔交易，单日产生数据量超过50太字节（TB），存储量达40太字节（TB）。目前保存的数据量为近百个拍字节（PB），其中90%以上是电商数据、交易数据、用户浏览和点击网页数据以及购物数据。

2. 百度

百度公司2018年的数据总量接近1000拍字节（PB），存储网页数量接近1万亿页，每天要处理大约60亿次搜索请求，数据量达几十拍字节（PB），这些数据主要来自中文网、百度推广、百度日志、UGC。

3. 腾讯

腾讯公司的存储数据经压缩处理后总量在100拍字节（PB）左右，数据量月增约10%，主要是大量社交、游戏等领域累积的文本、音频、视频和关系类数据。[③]

（四）移动设备产生大数据

移动互联时代，数以百亿计的机器、企业、个人随时随地都会获取和产生新的数据，比如电信运营商、在线金融系统等。另外，随着智能化行业接入网络，由此产生的数据量及其增长速度

① 中科普开. 大数据技术基础 [M]. 北京: 清华大学出版社, 2016.
② 中科普开. 大数据技术基础 [M]. 北京: 清华大学出版社, 2016.
③ 中科普开. 大数据技术基础 [M]. 北京: 清华大学出版社, 2016.

将是以往任何时期都无法企及的。

1．电信领域

电信运营商产生的数据包括用户上网记录、通话、信息、地理位置等。电信运营商拥有的数据量都在10拍字节（PB）以上，年度用户数据增长数十拍字节（PB）。

2．金融与保险领域

金融与保险领域产生的数据包括用户开户信息数据、银行网点和在线交易数据、自身运营的数据等。金融系统每年产生数据达数十拍字节（PB），保险系统数据量也接近拍字节（PB）级别。[①]

三、大数据的发展历程

大数据的发展，与信息化的发展历程是并驾齐驱的。大数据带动了信息化发展的"数字化""网络化"和"智能化"这三次浪潮。"数字化"奠定基础，实现数据资源的获取和积累；"网络化"构造平台，促进数据资源的流通和汇聚；"智能化"展现能力，通过多源数据的融合分析呈现信息应用的类人智能，帮助人类更好地认识事物和解决问题。

（一）信息化1.0时期（数字化阶段）

信息化1.0时期出现在20世纪80年代。随着个人计算机的大规模普及应用，第一次信息化浪潮到来，这个时期可以总结为以单机应用为主要特征的数字化阶段。在这个时期，信息技术开始走入大众的视野，并逐渐应用于数字化办公和计算机信息管理系统领域。人类第一次体会到信息化带来的巨大改变。

（二）信息化2.0时期（网络化阶段）

自20世纪90年代中期开始，信息化迎来了蓬勃发展的第二次浪潮，即以联网应用为主要特征的网络化阶段。这个阶段是大数据萌芽期，在人工智能、数据挖掘理论和关系型数据库技术的应用下，商业智能工具和知识管理技术逐渐发展起来。随后迎来了大数据发展的突破期。互联网的快速发展和延伸，加速了数据的流通和汇聚，促使数据资源体量呈指数级增长，数据呈现出海量、多样、时效、低价值密度等一系列特征，传统数据处理模型难以应对这些大量的非结构化数据，人们开始对数据处理系统、数据库架构进行重新设计。

（三）信息化3.0时期（智能化阶段）

当前，我们正处于信息化建设的第三次浪潮中，信息化正在开启以数据的深度挖掘和融合应用为主要特征的智能化阶段。步入21世纪，随着云计算等相关技术的成熟，大数据工具也随之诞生，大数据发展迎来了成熟期并进入崭新的阶段。2012年，维克托·迈尔-舍恩伯格（Victor Mayer-Schönberger）在《大数据时代：生活、工作与思维的大变革》中宣扬大数据时代的来

---

① 中科普开. 大数据技术基础 [M]. 北京：清华大学出版社，2016.

临，随后大数据概念开始风靡全球。2012年3月，美国政府在白宫网站发布了《大数据研究和发展倡议》，这一倡议标志着大数据已经成为重要的时代特征。[①]近年来，数据资源的不断丰富和计算能力的快速提升推动数据驱动的智能应用快速兴起。聚集和挖掘数据资源，开发和释放数据蕴含的巨大价值，已经成为信息化新阶段的重要共识。

▌第二节　大数据概述

一、大数据的定义和特征

（一）大数据的定义

著名管理咨询公司麦肯锡是研究大数据的先驱，在其报告"Big Data: The Next Frontier Innovation, Competition and Productivity"中定义大数据为"大小超出常规的数据库工具获取、存储、管理和分析能力的数据集"。

来自全球最大的电子商务公司亚马逊的大数据科学家约翰·劳瑟（John Rauser）给大数据下的定义为："大数据是任何超过了一台计算机的处理能力的数据量。"

信息技术咨询研究与顾问咨询公司高德纳公司（Gartner）给大数据下的定义为："大数据是指需要用高效率和创新型的信息技术加以处理，以提高发现洞察力、决策能力和优化流程能力的信息资产。"

维基百科对大数据的定义为："巨量资料，或称大数据，指的是所涉及的资料量规模巨大到无法通过目前主流软件工具在合理时间内撷取、管理、处理并整理成为帮助企业做出更积极的经营决策的资讯。"

百度百科对大数据的定义是："大数据是指无法在可承受的时间范围内用常规软件工具进行捕捉、管理和处理的数据集合。"

综合上面的定义，可以总结出下述两点：

第一，大数据并没有明确的界限，它的标准是可变的。大数据在今天不同行业中的范围可以从几十太字节（TB）到几千拍字节（PB），但在20年前1GB的数据已然是大数据了。可见，随着计算机软硬件技术的发展，符合大数据标准的数据集容量也会增长。

第二，大数据不只是大，它还包含了数据集规模已经超过了传统数据库软件获取、存储、分析和管理能力的意思。[②]

---

① 胡沛，韩璞. 大数据技术及应用探究［M］. 成都：电子科技大学出版社，2018.

② 中科普开. 大数据技术基础［M］. 北京：清华大学出版社，2016.

（二）大数据的核心特征

国际数据公司（IDC）和麦肯锡都认为，大数据由四个特征来定义，分别是海量的数据规模（Volume）、快速的数据流转和动态的数据体系（Velocity）、多样的数据类型（Variety）、低价值密度（Value），简称"4V特征"。

1. 海量的数据规模（Volume）

进入信息社会以来，数据增长速度急剧加快。2010年前后，云计算、大数据、物联网技术的高速发展掀起了新一轮的信息化浪潮。我们生活在一个"数据爆炸"的时代。2016年2月22日，社交网络Facebook公布的一份研究报告称，截至2015年年底，全世界已有约32亿网民。目前已经是以用户为主导来生产内容的Web2.0时代，用户可以随时随地在博客、微博、微信上发布自己的信息，直播、视频网站的兴起也大大降低了多元化内容生产的门槛，每个互联网的用户都可以产生大量的数据。随着智能设备、物联网技术的发展，越来越多的终端接入互联网中，数据产生的源头不再只是计算机和手机，智能家居、监控设备、各类传感器等每时每刻都会产生大量的数据。视频、图像等半结构化或非结构化数据的规模在快速增长，全球著名的信息技术、电信行业和消费科技咨询、顾问和活动服务专业提供商IDC在一项调查报告中指出，非结构化数据已占企业数据的80%，而且每年都按指数增长60%。

2. 快速的数据流转和动态的数据体系（Velocity）

随着数据量的急速增长，企业对数据处理效率的要求也越来越高。对于某些应用而言，经常需要在数秒内对海量数据进行计算分析，并给出计算结果，否则处理结果就是过时和无效的。大数据可以通过对海量数据进行实时分析，快速得出结论，从而保证结果的时效性。

3. 多样的数据类型（Variety）

大数据的数据类型繁多，可以简单地分为结构化数据、半结构化数据和非结构化数据。其中，结构化数据主要指存储在关系型数据库（例如MSSQL、Oracle、MySQL）中的数据。和普通纯文本相比，半结构化数据具有一定的结构性，但数据的结构和内容混在一起，没有明显的区分，如OEM（Object Exchange Model）就是一种典型的半结构化数据模型，存储在非关系型数据库（NoSQL）中。不方便用关系型数据库二维逻辑表来表现的数据即称为非结构化数据，包括图片、音频、视频、模型、连接信息、文档、位置信息、网络日志等，存储在非关系型数据库（NoSQL）中。相对于便于存储的结构化数据，非结构化数据越来越多，多类型的数据对数据的处理能力提出了更高的要求。

4. 低价值密度（Value）

价值密度低是大数据的另一个典型特征。在信息存储、数据处理技术比较落后的时代，由于技术的限制，企业对大规模数据的处理能力不足，一般通过采样分析的方式减少需要处理的数据量，数据量与输出的价值之间的比率较高。大数据时代选取数据的理念是选择全体而非样本，处理数据时会将所有数据纳入处理范围。这些海量的数据单独拿出来时相关性都很低，只有从宏观的角度对所有数据进行分析才能得到有价值的结果。大数据价值密度低，但对于采样分析，大数据提供的价值要更为全面。[①]

二、大数据技术的应用场景

当前，大数据技术的应用涉及各个行业领域。

（一）大数据在金融行业的应用

近年来，"互联网金融"概念兴起，催生了一大批金融、类金融机构转型或布局的服务需求，相关产业服务应运而生。而随着互联网金融向纵深发展，行业竞争日趋白热化。金融、类金融机构在其中的短板日益凸显。为了更好地获得最佳商机，金融行业也步入了大数据时代。

华尔街某公司通过分析全球3.4亿微博账户的留言来判断民众情绪。人们高兴的时候会买股票，而焦虑的时候会抛售股票，它通过判断全世界高兴的人多还是焦虑的人多来决定公司股票的买入或卖出。

阿里巴巴根据淘宝网上中小企业的交易状况筛选出财务健康和诚信经营的企业，给他们提供贷款，并且不需要这些中小企业的担保。目前阿里巴巴已放贷款上千亿元，坏账率仅为0.3%。

（二）大数据在政府管理中的应用

为充分运用大数据的先进理念、技术和资源，加强对我国各地市场主体的服务和监管，推进简政放权和政府职能转变，提高政府治理能力，我国一些省市运用大数据加强对市场主体服务和监管的实施方案已然出炉。

（三）大数据在医疗健康领域的应用

随着医疗卫生信息化建设进程的不断加快，医疗数据的类型和规模也在以前所未有的速度迅猛增长，甚至产生了无法利用目前主流软件工具的现象。这些医疗数据能帮助医改在合理的时间内撷取、管理信息并将其整合成能够帮助医院进行更积极的经营决策的有用信息。这些具有特殊性、复杂性的庞大的医疗大数据，仅靠个人甚至个别机构来进行搜索基本是不可能完成的。

（四）大数据在宏观经济管理领域的应用

IBM日本分公司建立了一个经济指标预测系统，它从互联网新闻中搜索出能影响制造业的480项经济数据，再利用这些数据进行预测，准确度相当高。

美国的印第安纳大学的学者利用谷歌提供的心情分析工具，根据用户近千万条短信、微博留言预测道琼斯工业指数，准确率高达87%。

淘宝网建立了"淘宝CPI"，通过采集、编制淘宝网上390个类目的热门商品的价格来统计CPI，从而预测某个时间段的经济走势。其CPI信息的发布比国家统计局还要提前半个月。

---

① 黄史浩. 大数据原理与技术［M］. 北京：人民邮电出版社，2018.

（五）大数据在农业领域的应用

由谷歌前雇员创办的Climate公司，从美国气象局等数据库中获得几十年的天气数据，用各地的降雨、气温和土壤状况及历年农作物产量等数据做成紧凑的图表，从而预测美国任一农场下一年的产量。农场主可以去该公司咨询明年种什么能卖出去、能赚钱，如果预测错误，该公司负责赔偿，赔偿金额比保险公司还要高，但到目前为止还没出现赔偿的情况。

通过对手机上的农产品"移动支付"数据、"采购投入"数据和"补贴"数据的分析，可准确预测农产品的生产趋势，政府可依此决定激励措施和合适的作物存储量，还可以为农民提供服务。

（六）大数据在商业领域的应用

沃尔玛基于每个月4500万的网络购物数据，并结合社交网络上有关产品的大众评分，开发出机器学习语义搜索引擎"北极星"，方便顾客在线浏览商品，在线购物者因此增加了10%～15%，销售额增加十多亿美元。

沃尔玛通过手机定位，可以分析顾客在货柜前停留时间的长短，从而判断顾客对什么商品感兴趣。

不仅仅是通过手机定位，实际上美国有的超市在购物推车上也安装了位置传感器，根据顾客在不同货物前停留时间的长短来分析顾客可能的购物行为。

在淘宝网上买东西时，消费者会在阿里巴巴的广告交易平台上留下记录，阿里巴巴可以从交易平台把消费记录拿来分析使用。

（七）大数据在银行的应用

在信用卡服务方面，银行首先利用移动互联网技术的定位功能确定商圈，目前该功能已实际覆盖全国161个商圈，累计服务千万人次；其次追踪用户活动轨迹，确定高价值商业圈设计业务；再利用大数据进行客户需求和体验的分析，最终完成用户体验的LIKE曲线。[①]

三、大数据的价值和影响

大数据具有采集过程价值未知、力争全面、即时、系统性并发的记录方式，以及主体受体统一等特征，这些特征决定了大数据的价值发挥。大数据的应用很广泛，能解决大量的日常问题。大数据是利害攸关的，它将重塑人们的生活、工作和思维方式，比其他划时代创新引起的社会信息范围和规模的急剧扩大所带来的影响更大。大数据需要人们重新讨论决策、命运和正义的性质。人们的世界观正受到大数据的挑战，拥有大数据不但意味着掌握了过去，更意味着能够预测未来。因此，大数据给人们带来了巨大的价值和影响。

---

① 中科普开. 大数据技术基础［M］. 北京：清华大学出版社，2016.

（一）全面洞察客户信息

通过大数据能全面分析来自渠道的反馈、社会传媒等多源信息，让每个个体全面了解、洞察客户信息。

（二）提升企业的资源管理

利用实时数据能实现预测性维护，并减少故障，推动产品和服务的开发升级。

（三）数据深度利用

通过大数据能梳理结构化、非结构化、海量历史或实时、地理信息四类数据资源，以企业核心业务及应用为主线实现四类数据资源的关联利用。

（四）风险及时感知和控制

通过全面数据分析能改变风险模型，结合交易流数据实时捕获风险，及时有效地控制风险。

（五）辅助智能决策

通过大数据能实时分析所有的运营数据和效果反馈，优化运营流程。利用投资回报率最大限度地减少信息技术成本。

（六）更快和更大规模的产品创新

大数据可以多源捕获市场反馈，利用海量市场数据和研究数据来快速驱动创新。

总体而言，大数据的重大价值和意义体现在：大数据是提升国家治理能力的新途径，政府可以透过大数据揭示政治、经济、社会事务中传统技术难以改进的关联关系，并对事物的发展趋势做出准确预判，从而在复杂情况下做出合理、优化的决策；大数据是促进经济转型增长的新引擎，大数据与实体经济深度融合，将大幅度推动传统产业提质增效，促进经济转型、催生新业态，同时大数据的采集、管理、交易、分析等业务也正在成长为巨大的新兴市场；大数据是提升社会公共服务能力的新手段，通过打通政府、公共服务部门的数据，让数据流转共享，将有效促进行政审批事务的简化，提高公共服务的效率，更好地服务民生，提升人民群众的获得感和幸福感。[①]

第三节 大数据与数据挖掘

一、大数据的处理流程

（一）认识大数据处理流程

我们一般将大数据处理的流程分为四个步骤，分别为大数据采集、大数据清洗和预处理、大数据统计分析和挖掘、结果可视化，如图11-2所示。

---

① 中科普开. 大数据技术基础 [M]. 北京：清华大学出版社，2016.

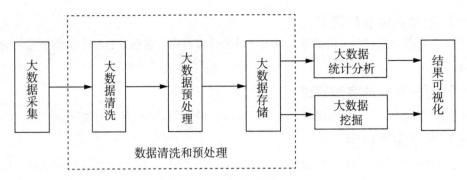

图11-2　大数据处理流程

1.大数据采集

数据采集是大数据价值挖掘的重要一环，其后的数据分析和挖掘都建立在采集的基础上。大数据技术的意义不在于掌握规模庞大的数据信息，而在于对这些数据进行智能处理，从中分析和挖掘出有价值的信息。

大数据采集主要通过Web、应用、传感器等方式获得各种类型的结构化、半结构化以及非结构化数据，难点在于采集量大，且数据类型繁多。

2.大数据清洗、大数据预处理

数据采集好后，必然有不少的重复数据、无用数据甚至是脏数据，此时需要对数据进行简单的清洗和预处理（大数据去重、空值处理、异常值处理和归一化处理等），将不同来源的数据整合成一致的、适合数据分析算法和工具读取的数据。

大数据存储的难点在于数据量大、数据类型多，文件大小可能超过单个磁盘容量。可以综合利用分布式文件系统、数据仓库、关系型数据库、非关系型数据库等技术实现对结构化、半结构化、非结构化海量数据的存储与管理。

3.大数据统计分析和挖掘

大数据统计分析和挖掘是利用算法模型对数据进行处理，从而得到有用的信息。进行数据挖掘时会从大量复杂的数据中提取信息，通过处理分析海量数据，发现价值。大数据平台通过不同的计算框架执行计算任务，实现数据分析和挖掘的目的。

数据分析是指根据分析目的，用适当的统计分析方法对收集来的数据进行处理与分析，提供有价值的信息。

数据挖掘是指从大量的数据中，通过统计学、人工智能、机器学习等方法，挖掘出未知的、有价值的信息和知识。

4.结果可视化

结果可视化是指将数据以图形、图像形式表示，向用户清楚有效地传达信息的过程。通过数据可视化技术，可以生成实时的图表，它能对数据的生成和变化进行观测、跟踪，也可以形成静态的多维报表，以发现数据中不同变量的潜在联系。①

（二）案例介绍

下面以全球零售业巨头沃尔玛利用大数据分析消费者购物行为为例来认识大数据。分析过程如图11-3所示。

图11-3 沃尔玛为促进销售而进行的大数据分析的流程

1. 提出问题

分析团队用大数据分析消费者购物行为以促进销售。一般超市零售商的普遍做法是投放广告，或者降低销售价格，这样很难弄清广告或促销的作用到底有多大。大数据技术不一样，它可以通过对消费者购买产品的原数据进行收集和分析来促进销售。

2. 数据采集

分析团队通过搜索采集所需的消费者购买产品的原数据，如购物小票等，为后续的数据分析打下基础。

3. 数据分析

通过对采集的数据进行分析挖掘，分析团队为销售提供精准可靠的分析结果，即提供多种可能的促销分析方案。

4. 结果应用

根据数据分析结果，实施有针对性的促销计划。例如男性顾客在购买婴儿尿片时，常常会顺便搭配几瓶啤酒来犒劳自己，于是沃尔玛推出了将啤酒和尿布摆在一起的促销手段。没想到这个举措使尿布和啤酒的销量都大幅增加。

5. 效果评估

如今，"啤酒+尿布"的数据分析成果早已成了大数据技术应用的经典案例，被人津津乐道。

二、大数据与数据挖掘的关系

大数据挖掘主要是指在大数据的基础上，进行大规模数据集的"数据挖掘"与应用的过程。大数据分析的核心理论就是数据挖掘，各种数据挖掘的算法只有基于不同的数据类型和格式才能更加科学地呈现出数据本身具备的特点。这些被统计学家所公认的各种统计方法能帮助我们深入数据内部，更加快速地处理大数据，挖掘出公认的价值。

数据挖掘过程的第一步是采集数据，被采集的数据的质量直接影响了能从数据中挖掘出什么

---

① 黄史浩. 大数据原理与技术［M］. 北京：人民邮电出版社，2018.

样的知识。没有某方面的数据，也就无法从中进行相关的挖掘。由于存储与处理大数据的代价巨大，因此提高数据挖掘效率的关键在于仅采集对记录有用的数据。所以要对收集到的数据内容进行合理的判断，将可能有用的数据全部采集和记录下来，而要做到这一点，就必须对挖掘场景做出合理的设想。场景是多种意图的组合，只有对数据挖掘的内容有比较清晰的想法，才能对数据的收集范围有比较明确的界定，所以挖掘场景的设计必不可少。

由于很难事先穷尽所有可能的挖掘场景，因此也就很难完全准确地判断应该收集哪些数据。基于上述考虑，在存储、处理能力允许的条件下，应尽量从多方面收集数据。显然，更多的数据可以对数据挖掘产生帮助。将相关数据整合在一起并用于数据挖掘，可以让数据发挥出更大的作用。数据整合有助于了解事物的全貌，发现未知的关系，挖掘深层的知识，提升预测的准确率。要明白从数据中挖掘什么，首先要对数据进行认真细致的观察，从而对数据有深入的了解，这样才能从中挖掘出深层的知识。[①]

第四节　数据挖掘概述

一、数据挖掘的概念及分类

（一）数据挖掘的定义

数据挖掘（Data Mining）就是从大量的、不完全的、有噪声的、模糊的、随机的实际应用数据中，提取隐藏在其中的有潜在价值的信息和知识的过程。与数据挖掘含义相似的词有数据融合、数据分析和数据决策支持等。上述定义包含以下几层含义：

第一，数据源必须是真实的、大量的、含噪声的。

第二，发现的是用户感兴趣的知识。

第三，发现的知识要可接受、可理解、可运用。

第四，并不要求发现放之四海而皆准的知识（从广义上理解，数据和信息也是知识的表现形式，但人们更易把概念、规则、模式、规律和约束等看成知识，把数据看作形成知识的源泉，就好像从矿石中采矿或者淘金一样。实际上，所有发现的知识都是相对的，是有特定前提和约束条件、面向特定领域的，同时还要易于被用户理解。因此，最好能用自然语言表达所发现的结果），仅支持发现特定的问题。

原始数据可以是结构化的，如关系型数据库中的数据；也可以是半结构化的，如文本图形和图像数据；甚至可以是分布在网络中的非结构化数据。发现知识的方法可以是数学的，也可以是

① 孔令云. 大数据关键技术与展望［M］. 成都：四川大学出版社，2019.

非数学的；可以是演绎的，也可以是归纳的。发现的知识可以用于信息管理、查询优化、决策支持和过程控制等，还可以用于数据自身的维护。

因此，数据挖掘是一门交叉学科，它把人们对数据的应用从低层次的简单查询提升到从数据中挖掘知识，并提供决策支持。在这种需求的指引下，不同领域的研究者，尤其是数据库技术、人工智能技术、数理统计、可视化技术及并行计算等方面的学者和技术人员，一并投身到数据挖掘这一新兴领域，创造了新的技术热点。[①]

（二）数据挖掘的分类

数据挖掘涉及多个学科方向，可以按数据库关系类型、挖掘对象、挖掘任务、挖掘方法与技术等进行分类。

1. 按数据库关系类型分类

数据挖掘主要是在关系数据库中挖掘知识。随着数据库类型的不断增加，逐步出现了不同数据库的数据挖掘。现在已有关系数据挖掘、模糊数据挖掘、历史数据挖掘和空间数据挖掘等多种不同数据库的数据挖掘类型。

2. 按数据挖掘对象分类

数据挖掘除了对数据库这个主要对象进行挖掘外，还有文本数据挖掘、多媒体数据挖掘和Web数据挖掘。由于对象不同，挖掘的方法相差很大。文本、多媒体和Web数据均是非结构化数据，挖掘的难度很大。目前Web数据挖掘已逐渐引起人们的关注。

3. 按数据挖掘任务分类

数据挖掘的任务有关联分析、时序模式、聚类、分类、偏差检测和预测等。按任务分类，数据挖掘有关联规则挖掘、序列模式挖掘、聚类数据挖掘、分类数据挖掘、偏差分析挖掘和预测数据挖掘等类型。

由于各类数据挖掘任务不同，应采用不同的数据挖掘方法和技术。

4. 按数据挖掘方法与技术分类

①归纳学习类：该类又分为基于信息论方法挖掘类和基于集合论方法挖掘类。基于信息论方法是在数据库中寻找信息量大的属性来建立属性的决策树。基于集合论方法是对数据库中各属性的元组集合之间的关系（如上、下近似关系，覆盖或排斥关系，以及包含关系等）建立属性间的规则，该类中又包括多种方法，主要用于分类问题。

②仿生物技术类：该类又分为神经网络方法类和遗传算法类。神经网络方法是在模拟人脑神经元而建立的MP数学模型和Hebb学习规则的基础上，提出的一系列算法模型，用于识别、预测、联想、优化和聚类等实际问题。遗传算法是在模拟生物遗传的过程中，对选择、交叉和变异等过程建立数学算子，主要用于问题的优化和规则的生成。

③公式发现类：在科学实验与工程数据库中，用人工智能方法寻找和发现连续属性（变量）

---

① 杨尊琦. 大数据导论 [M]. 北京：机械工业出版社，2018.

之间的关系，建立变量之间的公式，已引起人们的关注。该类中有多种数据挖掘方法。

④统计分析类：统计分析是一门独立学科，能根据数据库中的数据推出各种不同的统计信息和知识。它也是数据挖掘中的一大类方法。

⑤模糊数学类：模糊数学是反映人们思维的一种方式。将模糊数学应用于数据挖掘各项任务中，形成了模糊数据挖掘类，如模糊聚类、模糊分类和模糊关联规则等。

⑥可视化技术类：可视化技术是一种图形显示技术。对数据的分布规律或数据挖掘过程进行可视化显示，会明显提高人们对数据挖掘的兴趣和挖掘效果。该技术已为可视化数据挖掘类提供多种方法。

二、数据挖掘的步骤与流程

数据挖掘是数据库知识发现（Knowledge Discovery from Database，KDD）中的一个重要步骤，一般是指从大量的数据中通过算法搜索隐藏于其中的信息的过程。数据挖掘是通过分析每个数据，从大量数据中寻找其规律的技术，其一般流程如图11-4所示。

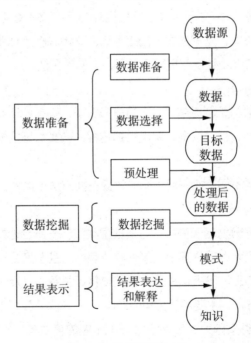

图11-4 数据挖掘的过程

数据挖掘的过程是指对所得到的经过转换的数据进行挖掘。例如企业实施客户关系管理时，在客户生命周期的各个不同的阶段包含了许多重要的事件。数据挖掘技术可以应用于客户生命周期的各个阶段来提高企业的客户关系管理能力，包括争取新的客户，让已有的客户创造新的利润，以及保持有价值的客户等。

（一）业务理解

在数据挖掘过程中首先需要了解进行挖掘分析的业务，明确业务所要达到的目的和成功标准，估算该应用的资源和风险。然后将业务问题转换为数据挖掘的问题（如采取什么数据挖掘方法来处理这类业务问题等），同时确定数据挖掘的目标和成功标准。最后产生初步的项目计划。注意，应用要达到的目的和数据挖掘的目的通常是不一样的，数据挖掘分析者需要根据自己的经验在两者之间进行转换。在这一步骤中，应用问题被转换成数据挖掘的问题。

（二）数据理解

在确定了业务目标后，要收集相关的数据，并对数据进行描述以熟悉数据，对数据进行检查以确认数据的质量。这一步骤的目的是对数据的本质和质量有所了解，如数据是否存在噪声、缺失值、冗余属性、不一致，数据是否过少或过多等。在这一步骤中，如果遇到困难，则应返回到上一步，重新对业务进行理解。

（三）数据预处理

这一步骤的目的是准备最后的用于建模的数据集。这一步骤往往非常耗时，包括数据选择、数据清理、数据合成、数据合并及数据格式化等子任务。其中，数据选择包括属性选择、属性合成、实例选择等；数据清理包括去除数据中的噪声、处理数据中的缺失值等；数据合成是根据原始数据生成更能反映问题本质的新的属性或记录；数据合并可将分散的几个数据集根据某种原则合并在一起；数据格式化可以处理数据中的不一致情况。

（四）建模

在此阶段，根据数据及应用的性质，首先应选择合适的建模算法并设置该算法的参数。通常对某一个数据挖掘任务，有多种数据挖掘算法可以使用。但是各个算法对数据形式的要求可能不一样，因此可能需要回到上一步对数据进行重新处理。算法选定后即进行模型的训练。在训练过程中，可以调节算法的参数以达到最优的结果。训练完毕后，要使用测试方案对模型进行测试。这一步骤后能得到在测试数据上表现良好的模型。

（五）评估

此阶段是对得到的模型进行评估。评估的方法因应用类型而异，如可根据实际数据进行验证，还可进行小规模市场调研等。如果结果不理想，则应返回之前的步骤甚至重新开始；反之则进入下一阶段。

（六）部署

完成了模型不等于完成了数据挖掘任务。在实际工作中，往往需要对生成的结果进行适当的展示或使其嵌入一个业务过程中，并将模型应用的结果再反馈回来，以便对模型进行改进。此外，由于实际数据可能发生变化，特别是在某些变化比较快、竞争激烈的环境中，如电信业、银行业等，还需要对模型进行经常的维护。

在数据挖掘过程中，业务理解和数据理解对数据挖掘项目的成功非常重要。不能充分地理解业务的过程，所得到的结果往往无法得到应用，从而使项目失败；在项目中不能合理地使用和项目目标相关的数据，往往会将项目引入歧途，得出错误的结论。数据预处理步骤和建模需要丰富的数据分析经验。能够发现和项目目标紧密相关的变量，就能提高最终模型的精确度。评估和部署步骤需要丰富的实际操作经验和业务知识，才能将数据挖掘结果有效地应用于实践中。

整个数据挖掘就是一个不断反馈修正的过程。当用户在挖掘过程中发现所选择的数据不合适，或使用的挖掘方法无法获得期望的结果时，用户就需要重复进行挖掘，甚至需要从头开始。[①]

三、数据挖掘的功能

数据挖掘技术有助于获得决策所需的多种知识。在许多情况下，用户并不知道数据中存在哪些有价值的信息知识，因此，对于一个数据挖掘系统而言，它应该能够同时搜索发现多种模式的知识，以满足用户的期望和实际需要。此外，数据挖掘系统还应能够挖掘出多种层次（抽象水平）的模式知识。以下介绍数据挖掘的功能及其能够挖掘的知识类型。

（一）概念描述：定性与对比

一个概念往往是对一个包含大量数据的数据集合的总体情况的概述。比如对一个商店所销售电脑的基本情况的概述总结，就会让人获得所销售电脑的基本情况。对含有大量数据的数据集合进行概述性的总结并获得简明、准确的描述，这种描述就称为概念描述。获得概念描述的方法有两种：

1. 利用更为广义的属性对所分析数据进行概要总结

被分析的数据称为目标数据集。数据概要总结就是利用数据描述属性中更广义的属性内容对其进行归纳概述。其中被分析的数据常常可以通过简单的数据库查询来获得，例如对某校的教师情况进行概要总结（概要总结往往需要用更广义的关系表或特征描述规则加以输出表示）。

2. 对两类所分析的数据特点进行对比并对对比结果给出概要性总结

两类被分析的数据集分别称为目标数据集和对比数据集。数据对比概要总结是利用描述两类数据的集中特征的更广义内容以及对比数据集的实际情况，对目标数据集进行概要总结并给出其概念描述。目标数据集和对比数据集通常均由用户所提供的数据库查询命令而获得。例如将销量增长10%的软件与同期销量停滞的软件进行对比，给出概要总结与概念描述。

在数据集对比概要总结中所使用的挖掘方法与在单一数据集概要总结中所使用的方法基本相同，其结果输出形式也很类似，只是对比概要总结加入了对比描述因子，以帮助区分目标数据集与对比数据集的对比情况。对比概要总结的输出结果也常常采用表格形式或对比规则形式来加以描述。

---

① 胡可云，田凤占，黄厚宽. 数据挖掘理论与应用 [M]. 北京：清华大学出版社，北京交通大学出版社，2008.

（二）关联分析

关联分析就是从给定的数据集中发现频繁出现的项集模式知识（又称为关联规则）。关联分析广泛应用于市场营销、事务分析等领域。

（三）分类与预测

分类就是找出一组能够描述数据集合典型特征的模型（或者是函数），以便识别未知数据的归属或类别，即将未知事例映射到某种离散类别之中。分类模型（或者是函数）可以通过分类挖掘算法从一组训练样本数据（其类别归属已知）中获得。

分类通常用于预测未知数据实例的归属类别，如一个银行客户的信用等级是属于A级、B级还是C级。但在一些情况下，需要预测某数值属性的值（连续数值），这样的分类就被称为预测。尽管预测既包括连续数值的预测，也包括有限离散值的分类，但一般还是使用预测来表示对连续数值的预测，使用分类来表示对归属类别的预测。

（四）聚类分析

聚类分析与分类预测方法的明显不同之处在于，后者所学习获取的分类预测模型所使用的数据是已知类别归属，属于有教师监督学习方法；而聚类分析（无论是在学习还是在归类预测时）所分析处理的数据均是无（事先确定）类别归属，类别归属标志在聚类分析处理的数据集中是不存在的。究其原因很简单，它们原来就不存在，因此聚类分析属于无教师监督学习方法。

在聚类分析中，首先需要根据"各聚集内部数据对象间的相似度最大化和各聚集对象间相似度最小化"的基本聚类分析原则，以及度量数据对象之间相似度的计算公式，将聚类分析的数据对象划分为若干组。因此一个组中数据对象间的相似度要比不同组数据对象间的相似度大。每一个聚类分析所获得的组就可以视为一个同类别归属的数据对象集合，更进一步，从这些同类别数据集中又可以通过分类学习获得相应的分类预测模型（规则）。此外，通过反复不断地对所获得的聚类组进行聚类分析，还可获得初始数据集合的一个层次结构模型。

（五）异类分析

一个数据库中的数据一般不可能都符合分类预测或聚类分析所获得的模型。那些不符合大多数数据对象所构成的规律（模型）的数据对象就被称为异类。以前许多数据挖掘方法都在正式进行数据挖掘之前就将这些异类作为噪声或意外排除在数据挖掘的分析处理范围之外。但在一些应用场合（如各种商业欺诈行为的自动检测），小概率发生的事件（数据）往往比经常发生的事件（数据）更有挖掘价值。对异类数据的分析处理通常就称为异类挖掘。

数据中的异类可以利用数理统计方法分析获得，即利用已知数据所获得的概率统计分布模型，或利用相似度计算所获得的相似数据对象分布分析确认异类数据。而偏离检测就是从数据已有或期望值中找出某些关键测度显著的变化。

例如异类分析可以用于从大量的商品购买记录中，依据各账户平常所发生的购买行为，发现正在进行信用卡诈骗的购买行为（异类行为）。可以根据购买的发生地点、购买商品类型和购买频率等发现属于信用卡诈骗的购买行为（异类数据）。

（六）演化分析

数据演化分析是对随时间变化的数据对象的变化规律和趋势进行建模描述。这一建模手段包括概念描述、对比概念描述、关联分析、分类分析、时间相关数据分析（其中又包括时序数据分析、序列或周期模式匹配，以及基于相似性的数据分析）。

例如，利用演化分析方法可对股市主要股票交易数据（时序数据）进行分析，以便获得整个股票市场的股票演化规律，以及一个特定股票的变化规律。这种规律可能有助于预测股票市场上的股票价格，从而有效提高投资回报率。[①]

四、数据挖掘的应用

（一）数据挖掘的国内应用

1. 智慧交通

目前，各中心城市用地布局已经基本确定，在中心道路不允许大规模扩建和改造的前提下，唯有依靠智能交通系统（ITS）对城市交通进行更有效的控制和管理，才能提高交通的机动性和安全性，最大限度地发挥现有道路资源的效率。

大数据挖掘在交通领域的具体应用为：可以用来识别道路通行的能力并可用作未来车流量的预测依据。把抽样数据进行类比分析，得出隐藏在数据中的发展趋势，预测道路车辆流量的发展，并根据预测的结论来管理交通。同时，可以研究各种与交通存在潜在关系的对象的数据，来识别这些影响道路运营的因素，同时演算出各个因素的影响度，其最终目的是利用这些挖掘出来的高价值信息，精确地指导交通，为城市服务。

国内的智慧城市建设虽然起步较晚，但是经过政府的大力支持，也取得了一定的成就。北京、杭州、上海等城市均建成了较为完善的应用系统；青岛智慧交通建设中的应用数据挖掘系统主要为"交通信号控制系统"及"交通执法系统"这两大子系统。

2. 智慧安防

对于"安防"行业来讲，平安城市、智能交通管理、环境保护、危化品运输监控、食品安全监控以及政府机构、大企业工作场所中的与网络连接的设备系统都可能成为最大的数据资源。随着智慧城市等工程的建设，监控摄像头已经遍布大街小巷，安防监控对高清化、智能化、网络化、数字化的要求越来越高，随之而来的是数据量的迅速增加。数据挖掘技术在面对"安防"行业所产生的大量非结构化数据时需要解决视频浓缩检索技术、视频图像信息库建设和海量数据的处理、分析、检索三个核心的技术问题。

3. 智慧能源

智慧能源是近几年一个新兴的概念。为响应国家节能减排号召，我们力争实现能源的安全、

---

① 朱明. 数据挖掘 [M]. 合肥：中国科学技术大学出版社，2002.

稳定、清洁和持续利用，协助政府实现低碳目标。利用大数据挖掘可以对节能监测系统运行状态进行数据监测与分析。

4. 智慧环保

目前环境形势十分严峻，环保部门存在人员缺乏、监管能力不足等问题，利用现代科学技术提高环境监管能力迫在眉睫。我们以数据挖掘技术为指导，提升综合决策能力，通过环境时空数据挖掘分析，开展环境经济形势联合诊断与预警分析；开展环境形势分析与预测，识别经济社会发展中的重大环境问题；开展环境规划政策模拟分析，探索建立各类政策模拟分析模型系统；开展环境经济政策实施的成本分析；开展环境风险源分类分级评估、环境风险区划等工作，支持环境风险源分类分级分区管理政策的制定。

（二）数据挖掘的国外应用

1. 智慧经济

在智慧经济方面，首先大数据在商业上得到了很好的运用，它会帮助企业分析用户的购物行为，找到最佳客户。美国一家投资公司通过分析全球3.4亿微博账户的留言来判断民众情绪，并依此决定公司股票的买入或卖出，获得了良好的效果；IBM日本公司建立了一个经济指标预测系统，从互联网新闻中搜索影响制造业的480项经济数据，计算出采购经理人指数（PMI）预测值，利用大数据分析实现对合理库存量的管理；华尔街对冲基金依据购物网站的顾客评论分析企业产品的销售状况；华尔街银行根据求职网站岗位数量推断就业率。

2. 智慧治理

电信运营商拥有大量的手机数据，通过对手机数据的挖掘，不针对个人而是着眼于群体行为，可从中分析出实时动态的流动人口来源及分布情况、出行和实时交通客流的信息及拥塞情况；利用对手机用户身份和位置的检测可了解突发性事件的聚集情况。麻省理工学院（MIT）的Reality Mining项目就是通过对10万多人手机的通话、短信和空间位置等信息进行处理，提取人们行为的时空规则性和重复性，进行流行病预警和犯罪预测。

3. 智慧医疗

无论是药品的研发还是商业模式的开发运用，都要用到大数据挖掘技术。医院里大量的病例就对应着大量的数据，传统的普通病例很难挖掘数据，病例电子化后有利于更高级的数据挖掘。因此，数据的挖掘有利于发现医疗知识。另外，谷歌与美国疾病控制和预防中心等机构合作，依据网民的搜索内容分析全球范围内流感等疾病的传播状况，准确率很高。社交网络为许多慢性病患者提供了临床症状交流和诊治经验分享平台，医院借此也可获得足够多的临床效果统计。

4. 精准营销

在大数据分析的应用上，美国领先其他国家至少20年。美国的信用卡销售公司可以通过数据挖掘实现精准营销，在合适的时间，通过合适的渠道，把销售信息投送给每个客户。

5. 犯罪预警

随着智能电话和电脑网络的普及，美国政府和大公司把自己的触角伸到个人生活的各个方面。个人的一切在线行为数据都被收集存储，再加上已被机关掌握的个人信用数据、犯罪记录和人口等数据，有关公司和政府机构可以运用数据挖掘方法，监控和预测个人行为，并做出相关决策。

大数据挖掘是智慧城市建设与管理的无形生产资料。可以看出，随着数据挖掘技术应用范围的不断扩展，人类社会的方方面面几乎都会被数据挖掘涉足。尽管数据挖掘原本是作为一项技术出现的，但由于数据挖掘本身独有的理念给人们解决各类问题提供了一个新的思路和方法，在未来的一段时期里它必将对人类生产生活产生重大影响。[①]

第五节　大数据与数据挖掘在出版领域的应用

在历史的长河中，很多专家学者致力于大数据与数据挖掘的研究。例如哈佛大学的迈克尔·波特（Michael Poter）于1985年在《竞争优势》一书中提到综合评价体系，对多属性体系结构描述的对象系统做出全局性、整体性的评价；钱学森教授提出用从定性到定量的综合集成方法思想来处理复杂巨型系统，从而进行基于方法集的组合评价研究；部分学者应用综合评价方法进行知识产权保护水平量化分析等。大数据与数据挖掘在各行各业的应用已经非常重要了，对于出版领域而言更是如此。

出版是基于文化和智慧发展的文化传承和保护的重要方式。在信息化发展的过程中，传统图书出版行业面临着一定的挑战。近些年，大数据与数据挖掘在出版领域中的应用体现在以下几个方面：利用数据挖掘探索影响版权保护强度的因素；大数据时代下图书出版的内容打破了边界；出版企业在选题策划、图书营销中直接应用大数据的分析工具；利用大数据与数据挖掘为企业的生产经营活动提供决策服务等。

一、国内外出版企业大数据服务研究应用案例

（一）国外

施普林格公司通过大数据提升决策效率，成功地从纸质出版向数字出版发展；西蒙与舒斯特（Simon&Schuster）公司借助底层数据架构项目，实现了对读者的购书和阅读行为数据的全面收集，并借以拓展图书板块和图书新模式。

（二）国内

北京开卷信息技术有限公司借助数据分析为出版企业提供服务，目前有全国图书零售市场监测系统、全国图书书目信息发布系统、计划开发图书评价信息分析系统和全国读者数据库。这些

---

① 孔令云. 大数据关键技术与展望［M］. 成都：四川大学出版社，2019.

大数据将为出版企业的生产和销售提供数据支撑。但是，国内出版企业只有少部分建立了真正的大数据分析系统。

大数据给出版业带来的机遇与挑战、大数据时代的出版创新、出版业大数据的困境与破解等问题都值得出版界的学者和实践者进行深入的研究。

二、大数据与数据挖掘在出版领域的应用

（一）利用数据挖掘探索影响出版产业效益的版权保护强度因素

版权保护与文化产业创新能力密切相关，是增强文化创新能力，促进版权产业健康、可持续发展的有力保障。随着经济全球化进程的加快，有关版权制度对作品创作、文化产业和经济增长等方面的影响的研究迅速成为版权和经济学领域的研究热点。开展这方面研究的一个重要前提就是对版权保护强度的测算。由于版权保护制度本身是一个与版权立法、司法、执法以及版权管理、运用等因素有关的研究问题，并且各因素的相互关系错综复杂，因此多年来关于版权保护的研究大多停留在定性分析和构建理论模型的阶段，很难从量化的角度去度量整个环境，也很难真正定量地找出版权保护对各个相关产业的影响。因此我们的重心在于探索在版权保护强度的众多相关因素中，哪些因素对图书出版产业效益的影响较大，利用数据挖掘技术挖掘出版权保护强度相关因素对图书出版产业效益影响的强弱程度的信息，构建量化版权保护强度的指标体系，从而为版权保护管理相关政策的制定及出版产业战略规划提供有力的数据支撑。

（二）大数据时代图书出版内容打破了边界

目前，图书出版行业正从信息化时代走向大数据时代，信息社会的发展和大数据的结合已经是时代的趋势。大数据的出现，不但改变了人们的生活，也改变了传统出版业的运营模式。例如出版社本身可以将海量信息提取、管理、整合成有价值的信息和资源，做出优质的精品图书。在大数据时代下，图书出版内容的边界不再分明。以往的图书只能在线下实体渠道发行，在线上电商平台销售，或在线上网络连载，例如网友自创的文学作品，图书整体质量参差不齐。但当前中国图书的发展，其边界实际上是在不断淡化的。网络阅读和线上销售很大程度上冲击着实体书店和纸质图书，而新的出版形式也随之萌生，即网络阅读和书本刊物出版的结合。大数据时代，一切出版内容和资源都可以"上网"，这使得经典类读物的传播空间更深、更广。

（三）出版企业在选题策划、图书营销中直接应用大数据的分析工具

1. 利用大数据助力高质量选题策划

什么书好卖？同类书出版状况如何？预计销售规模有多大？如何为图书起书名？定什么样的价格？怎样对图书进行装帧才能满足消费者的需求？这些都是在图书策划时需要思考的问题。出版业的大数据是解决上述问题的有效途径。策划图书前首先要了解市场的状况，如此类选题的图书有哪些、市场的表现力如何，而后利用大数据获得作者的相关信息并遴选目标。出版业大数据能够为策划者提供海量的辅助策划的数据和经验，通过甄别和学习、排列组合及比较分析，策划

者可以发现丰富的、意想不到的策划点和未来的热点,进而发掘读者的兴趣点和探索未来出版的方向,为大众提供美好生活所必需的优质读物。

2. 开拓多维营销,打造便捷的市场渠道

出版的图书卖出多少?在哪里卖出去的?还有多少库存?什么时候重印?在什么时候什么地方做营销活动?以什么方式营销?这些都是出版企业发行营销时需要思考的重要问题,而且直接与经济效益、企业生存和发展密切相关。从各出版企业的实践来看,出版业大数据应用最多的还是在市场营销方面,也得出了一些成功的经验。

第一,通过大数据分析潜在的市场需求和目标市场受众的特征,减少复杂和费力的市场调研,提高效率,有的放矢,锁定目标客户群。第二,基于大数据的分析结果谋划不同的营销策略,精准投放给需要的客户,并利用社会关系进行社会化营销,这种方法特别适合于专业化书籍的市场推广。依靠出版业大数据的分析和指引,在图书策划阶段就能充分了解营销点,使整个营销活动尽量契合读者对象的学习需求、精神需求以及科研需求。第三,图书销售渠道利用数据产品收集用户性别、年龄、职业、爱好、地理位置等个人信息,以及用户的浏览记录、收藏记录、购买记录、评价记录等信息,通过对用户数据的积累和挖掘,可以分析用户行为规律,准确描绘其个体轮廓,为用户提供更加个性化的书单和服务等。第四,大数据的可追溯性,是遏制盗版盗印的重要手段。由于大数据的存在,我们可以清晰地获悉图书的销售轨迹,从出库到最终到达客户手里均可以查询,这样可以抵制盗版盗印图书的销售,保护出版企业和客户双方的利益不受损害。

(四)为企业的生产经营活动提供决策服务

大数据技术虽然对出版企业来说已经不是新生事物了,但是新冠肺炎疫情让出版企业看到了以大数据为依据的出版企业全流程经营与管理的重要性,迫使现阶段的出版经营和管理模式向数据驱动转变。出版企业要正确认识大数据的最终价值,高效率地利用已经形成的数据资源,尤其要从中挖掘可利用的、有价值的数据,为企业的生产经营活动提供决策服务。

1. 大数据技术助力出版社顶层设计

出版企业要探索出版的融合发展道路,促进出版企业的转型升级,打造品牌出版物。大数据技术改变了企业经营管理模式,形成从市场开发、选题策划、设计印刷、营销销售到使用阅读、评价服务、反馈的闭环系统。市场数据让出版企业了解需求,确定研发和设计方向;业务与交易数据助力生产销售;消费者行为与评价数据帮助进企业一步预测市场,优化研发与生产,精准找到市场的需求点,为企业的高质量发展保驾护航。

2. 大数据技术重构出版企业组织结构

传统出版企业组织形式已经不适应发展的要求,因此要基于传统的组织结构、借助大数据技术重新构建新型的层级关系和组合模块,这不是简单的"相加",而是完全的"相融"。应共享出版企业的内外部资源,实现开放和高效的传输与利用,明确部门业务模块的功能要求,使各部门的业务工作互联互通、环环相扣。在大数据环境下,应建立层级更少的、高效便捷的"扁平化"管理模式，通过层级的减少实现效率的提升。例如，武汉理工大学出版社打破原有的部门限制，围绕大数据反馈的市场需要打造事业部团队工作模式，以项目为主导，以人才需要为驱动，以群体和协作为优势，达到社会效益和经济效益相统一的目的。

3. 大数据技术推动出版企业知识服务

应用大数据技术可以重塑出版产业链，为出版企业构建知识服务新业态，即以内容数据、读者和用户数据、作者数据为核心资产，通过挖掘读者和用户行为数据，明确服务对象需求，实现与内容数据的深度关联与精准对接。出版社在基于专业知识提供服务和面向知识生产过程提供服务时必须加强内外部资源的整合，完善知识体系，建立知识图谱，从而提高优质资源的利用效率，提升出版社知识服务的效能。

4. 大数据技术培育出版企业人才队伍

随着大数据技术、人工智能技术在出版业的深入实践与应用，出版从业人员应充分认识新技术条件下出版业发展的趋势。因此，我们必须在考虑出版行业特性的基础上，普及、传播应用大数据技术所必需的相关理论和知识技能，培育和打造一支熟悉并能掌握大数据技术的人才队伍。这支队伍应当能充分发挥大数据技术的优势和价值，为出版企业的创新发展提供智力支撑。同时，出版企业要在实践中有意识地加大大数据技术应用的比重，不断强化人才队伍的大数据思维，积累大数据技术应用的必要经验，通过对大数据技术的应用来培养新时期的人才队伍。[①]

① 杨万庆. 后疫情时代基于大数据的出版企业经营与管理 [J]. 中国编辑，2021（05）：44-47.

第十二章
人工智能

▌第一节　人工智能的基本概念

人工智能（Artificial Intelligence，AI），简单来说，就是通过计算机系统和模型（算法、数据），模拟人类心智（Mind）的技术体系与实现方法的集合。经过六十多年的发展，2016年3月，随着谷歌AlphaGo以4∶1战胜世界著名围棋九段选手李世石，人工智能达到的智能水平在全球引起轰动，这也标志着人工智能技术发展达到了一个新的高度和热度。全球多家著名的IT公司，如谷歌、微软、腾讯、阿里巴巴、百度、科大讯飞等纷纷宣布将人工智能作为下一步发展的战略重心，大力研发人工智能博弈、图像识别、计算机视觉、自然语言处理、商业智能、自动驾驶、智能机器人等最新技术和产品，推动人类科技文明的进步。

卡内基·梅隆大学计算机博士、著名IT职业经理人、人工智能技术的早期研究者、"创新工场"总裁李开复先生指出："人工智能是人类有史以来最大的机遇！"[1]

一、智能的概念

思维理论认为，智能的核心是思维，人们的一切智慧或智能都来自大脑的思维活动，人类的一切知识都是人们思维的产物，因而通过对思维规律与方法的研究可以揭示智能的本质。思维理论来源于认知科学，认知科学是研究人们认识客观世界的规律和方法的一门学科。

知识阈值理论认为，智能行为取决于知识的数量和知识的一般化程度，系统的智能来自它运用知识的能力，智能就是在巨大的搜索空间中迅速找到一个满意解的能力。知识阈值理论强调知识在智能中的重要意义和作用，推动了专家系统、知识工程等领域的发展。

进化理论认为，人的本质能力是在动态环境中的行走能力、对外界事物的感知能力、维持生

---

① 聂明.人工智能技术应用导论［M］.北京：电子工业出版社，2019.

命和繁衍生息的能力，这些本质能力为智能发展提供了基础，因此智能是某种复杂系统所呈现的性质，是许多部件交互作用的结果。智能仅仅由系统总的行为以及行为与环境的联系所决定，它可以在没有明显的可操作的内部表达的情况下产生，也可以在没有明显的推理系统出现的情况下产生。进化理论由麻省理工学院的布鲁克斯（R.A.Brooks）教授提出，他也是人工智能进化主义学派的代表人物。

综合上述各种观点，可以认为智能是知识与智力结合的产物。知识是智能行为的基础，智能是获取知识并运用知识求解问题的能力。[①]

二、现代人工智能的兴起

尽管人工智能的历史背景可以追溯到遥远的过去，因为人类很早就有制造机器帮助人类的幻想，但一般认为人工智能这门学科应该诞生于1956年的达特茅斯学院（Dartmouth College）。

1946年，世界上第一台电子计算机ENIAC诞生于美国，最初被用于军方弹道表的计算，经过大约十年的发展，人们逐渐意识到除了单纯的数字计算外，计算机应该还可以帮助人们完成更多的事情。1956年夏季，在达特茅斯学院，由达特茅斯学院年轻的数学助教麦卡锡（J.McCarthy，后为斯坦福大学教授）、哈佛大学数学与神经学初级研究员明斯基（M.L.Minsky，后为麻省理工学院教授）、IBM公司信息研究中心负责人罗切斯特（N.Rochester）和贝尔实验室信息部数学研究员香农（C.Shannon，信息论的创始人）共同发起并邀请IBM公司的莫尔（T.More）和塞缪尔（A.L.Samuel）、麻省理工学院的塞尔弗里奇（O.Selfridge）和索罗门夫（R.Solomonff）、兰德（RAND）公司的纽厄尔（A.Newell）以及卡内基·梅隆大学的西蒙（H.A.Simon）等人参加一个持续两个月的夏季学术讨论会，会议的主题涉及自动计算机、如何为计算机编程使其能够使用语言、神经网络、计算规模理论、自我改造、抽象、随机性与创造性等，在会上他们第一次正式使用了"人工智能"这一术语，开创了人工智能的研究方向，标志着人工智能作为一门新兴学科的正式诞生。

三、人工智能的基础[②]

人工智能不是建立在沙滩之上的学科，也不是从零开始的学科，人工智能是在诸多相关学科雄厚的理论和技术基础上建立起来的。相关文献中所列举的人工智能的基础学科有哲学、数学（包括逻辑学、计算理论和概率论）、经济学（包括博弈论、决策论和运筹学）、神经科学、认知心理学、计算机科学、控制理论和控制论以及语言学。

[①] 鲁斌，刘丽，李继荣，等. 人工智能及应用 [M]. 北京：清华大学出版社，2017.
[②] 王文敏. 人工智能原理 [M]. 北京：高等教育出版社，2019.

四、人工智能的定义

1956年，人工智能早期研究者麦卡锡等人提出：人工智能就是要让机器的行为看起来像是人所表现出的智能行为一样。但迄今尚难以给出人工智能的确切定义。以下为部分学者从不同角度、不同层面对人工智能概念的描述。

人工智能是那些与人的思维、决策、问题求解和学习等有关的活动的自动化——贝尔曼（Bellman），1978年；人工智能是一种使计算机能够思维，使机器具有智力的激动人心的新尝试——豪格兰（Haugeland），1985年；人工智能是用计算模型研究智力行为——麦克德莫特（McDermott）和查尔尼可（Charnick），1985年；人工智能是一种能够执行人的智能的创造性技术——库兹韦尔（Kurzwell），1990年；人工智能是一门通过计算过程力图理解和模仿智能行为的学科——沙尔科夫（Schalkoff），1990年；人工智能研究如何让计算机做现阶段只有人才能做得好的事情——里奇（Rich）和奈特（Knight），1991年；人工智能研究那些使理解、推理和行为成为可能的计算——温斯顿（Winston），1992年；人工智能是计算机科学中与智能行为的自动化有关的一个分支——斯塔布菲尔德（Stubblefield）和卢格尔（Luger），1993年；人工智能是关于人造物的智能行为，而智能行为包括知觉、推理、学习、交流和复杂环境中的行为——尼尔森（Nilsson），1998年；人工智能的定义可以分为四类：像人一样思考的系统、像人一样行动的系统、理性地思考的系统和理性地行动的系统，这里的"行动"应广义地理解为采取行动或制订行动的决策，而不是肢体动作——罗素（Russell）和诺维格（Norvig），2003年。

从不同学者对人工智能的定义中，可以归纳出人工智能需要具备判断、推理、证明、识别、理解、感知、学习和问题求解等诸多能力。随着人工智能的不断发展和对人工智能理解的深入，将来还会出现对人工智能的新的定义和理解。

另外，有的专家和学者提出强人工智能和弱人工智能的概念。所谓强人工智能是指有可能制造出真正能推理和解决问题的智能机器，并且这样的机器是有知觉的，有自我意识的。强人工智能主要分为两类：类人的人工智能，即机器像人一样思考和推理；非类人的人工智能，即机器产生了和人完全不一样的知觉和意识，使用和人完全不一样的推理方式。所谓弱人工智能是指不可能制造出能真正地推理和解决问题的智能机器，这些机器只不过看起来像是智能的，但并不真正拥有智能，也不会有自主意识。[1]

---

① 尚文倩. 人工智能 [M]. 北京：清华大学出版社，2017.

第二节 人工智能的早期发展与研究范畴

一、人工智能的发展历程

从1956年在达特茅斯会议上提出"人工智能"是一门新兴学科至今，人工智能走过了一条坎坷曲折的发展道路，但迅速发展并取得了惊人的成就。其发展历史可以总结为孕育阶段、形成阶段和发展阶段三个主要阶段。

（一）孕育阶段（1956年之前）

尽管现代人工智能的兴起一般被认为开始于1956年达特茅斯的夏季讨论会，但自古以来，人类就一直在尝试用各种机器来代替人的部分劳动，以提高征服自然的能力。例如中国道家的重要典籍《列子》中有"偃师造人"一节，描述了能工巧匠偃师研制歌舞机器人的传说；春秋后期，据《墨经》记载，鲁班曾造过一只木鸟，能在空中飞行"三日不下"；古希腊也有制造机器人帮助人们从事劳动的神话传说。当然，除了文学作品中关于人工智能的记载之外，很多科学家都为人工智能这个学科的最终诞生付出了艰辛的劳动和不懈的努力。

古希腊著名的哲学家亚里士多德（Aristotle）曾在他的著作《工具论》中提出了形式逻辑的一些主要定律，其中的三段论至今仍然是演绎推理的基本依据，亚里士多德本人也被称为形式逻辑的奠基人。

1642年，法国数学家帕斯卡（Pascal）发明了第一台机械计算器——加法器，开创了计算机械时代。此后，德国数学家莱布尼茨（Leibniz）在其基础上发展并制成了可进行四则运算的计算器，并提出了"通用符号"和"推理计算"的概念，使形式逻辑符号化。这一思想为数理逻辑以及现代机器思维设计奠定了基础。

英国逻辑学家布尔（Boole）在《思维法则》一书中首次用符号语言描述了思维活动的基本推理原则，这种新的逻辑代数系统被后世称为布尔代数。

1936年，英国数学家图灵（Turing）提出了一种理想计算机的数学模型，即图灵机模型。这为电子计算机的问世奠定了理论基础。

1943年，心理学家麦克洛奇（McCulloch）和数理逻辑学家皮兹（Pitts）提出了第一个神经网络模型——M-P神经网络模型。他们总结了神经元的一些基本生理特性，提出了神经元形式化的数学描述和网络的结构方法，为开创神经计算时代奠定了坚实的基础。

1945年，冯·诺依曼（Neumann）提出了存储程序的概念。1946年，美国数学家马士利（Mauchly）和埃克特（Eckert）成功研制了第一台电子计算机ENIAC，为人工智能的诞生奠定了物质基础。

1948年，香农发表了《通信的数学理论》，标志着信息论的诞生。

同年，维纳（Wiener）创立了控制论。这是一门研究和模拟自动控制的人工和生物系统的学科，标志着根据动物心理和行为学科进行计算机模拟研究的基础已经形成。

1950年，图灵发表论文"Computing Machinery and Intelligence"，提出了著名的图灵测试，该测试大致如下：询问者与两个匿名的交流对象（一个是计算机，另一个是人）进行一系列问答，如果在相当长时间内，他无法根据这些问题判断这两个交流对象哪个是人，哪个是计算机，那么就可以认为该计算机具有与人相当的智力，即这台计算机具有智能。

在20世纪50年代，计算机应用仅局限于数值计算，例如弹道计算。但1950年，香农完成了人类历史上第一个下棋程序，开创了非数值计算的先河。此外，麦卡锡、纽厄尔、西蒙、明斯基等人提出以符号为基础的计算。这些成就使得人工智能作为一门独立的学科成为一种不可阻挡的历史趋势。

（二）形成阶段（1956—1969年）

人工智能的形成阶段大约为1956—1969年。除了1956年在美国的达特茅斯学院召开的研讨会上提出了"人工智能"的术语外，这一时期的成就还包括定理机器证明、问题求解、LISP语言以及模式识别等。该阶段的主要研究成果如下：

1956年，塞缪尔研制了具有自学能力的西洋跳棋程序。该程序具备从棋谱中学习、在实践中总结经验提高棋艺的能力。值得称道的是，它在1959年战胜了设计者本人，并且在1962年打败了美国的一个州跳棋冠军。这是模拟人类学习的一次成功的探索，同时也是人工智能领域的一个重大突破。

1957年，纽厄尔和西蒙等人编制出了一个数学定理证明程序，该程序证明了罗素（Russell）和怀特海（Whitehead）编写的《数学原理》一书中第2章的38条定理。1963年修订的程序证明了该章的52个定理。1958年，美籍华人王浩在IBM740机器上用了3～5分钟证明了《数学原理》中命题演算的全部定理，总共220个。这些都为定理的机器证明做出了突破性贡献。

1958年，麦卡锡研制出的表处理语言LISP，不仅可以处理数据，而且可以方便地处理符号，成为人工智能程序设计语言的重要里程碑。

1960年，纽厄尔、西蒙、肖（Shaw）等人编制了能解十种不同类型课题的通用问题求解程序（General Problem Solving，GPS）。其中所揭示的人在解题时的思维过程大致为三个阶段：先想出大致的解题计划；然后根据记忆中的公理、定理和推理规则组织解题过程；最后进行方法和目的分析，修正解题计划。

1965年，斯坦福大学的费根鲍姆（Feigenbaum）开展了专家系统DENDRAL的研究，该专家系统于1968年投入使用。它能根据质谱仪的试验，通过分析推理决定化合物的分析结构，其分析能力接近甚至超过有关化学专家的水平，不仅为人们提供了一个实用的智能系统，而且对知识表示、存储、获取、推理及利用等技术进行了非常有益的探索，对人工智能的发展产生了深远的影响。

上述这些早期的成果表明人工智能作为一门新兴学科有了蓬勃的发展。

（三）发展阶段（1970年之后）

从20世纪70年代开始，人工智能的研究进入高速发展时期。在此期间，世界各国都纷纷展开对人工智能领域的研究工作。到了20世纪70年代末期，人工智能研究遭遇了一些重大挫折；在问题求解、人工神经网络等方面遇到了许多问题，这些问题使人们对人工智能研究产生了质疑。这些质疑声使得人工智能研究者们开始反思。终于，1977年召开的第五届国际人工智能联合会议提出了知识工程的概念。此后，知识工程的兴起使大量的专家系统得以产生，这些专家系统在各个领域中获得了成功的应用。随着时间的推移，专家系统的问题逐渐暴露出来，知识工程发展遭遇困境，这动摇了传统人工智能中"物理符号系统对于智能行为是必要充分的"这一基本假设，从而促进了连接主义和行为主义智能观的兴起。随后，大量神经网络和智能主体方面的研究取得了极大的发展。

以下从知识工程、人工神经网络以及智能主体三个方面讲述人工智能在其发展阶段走过的历程。

1. 知识工程

20世纪70年代开始，人工智能领域的研究在世界各地风生水起。这期间涌现了一批重要的研究成果，包括1972年法国马赛大学的柯麦瑞尔（Comerauer）提出并实现了逻辑程序设计语言PROLOG；斯坦福大学的肖特利夫（Shortliffe）等人开始研制用于诊断和治疗感染性疾病的专家系统MYCIN等。但同时，人工智能研究也遭遇了重大挫折，如在机器翻译方面就遇到不少问题。例如，多义词问题导致程序将"Fruit flies like a banana"翻译成"水果像香蕉一样飞行"。在问题求解方面，即使对于具备良好结构的问题，程序也无法解决巨大的搜索空间问题。这些问题使得人们对人工智能研究产生了怀疑。1973年，英国剑桥大学应用数学家莱特希尔（Lighthill）认为"人工智能研究即使不是骗局，至少也是庸人自扰"。当时英国政府接受了他的观点，取消了对人工智能研究的资助。由此可见，人工智能研究在这个时期处于低潮期。

面对困境，人工智能研究者们积极反思。1977年，在第五届国际人工智能联合会上，费根鲍姆做了题为《人工智能的艺术：知识工程课题及实例研究》的报告，首次提出了知识工程的概念。他提出，知识工程是研究知识信息处理的学科，应用人工智能的原理和方法，可以为那些需要专家知识才能解决的应用难题提供解决方法。采用恰当的方法实现专家知识的获取、表示、推理和解释，是设计基于知识的系统的重要技术问题。知识工程的提出以及发展使人工智能的研究从基于推理的模型转向基于知识的模型，使人工智能的研究从理论走向了应用。这时期大量的专家系统被应用到各种领域并获得了成功。例如，1980年美国DEC公司开发了XCON专家系统，用于根据用户需求配置VAX计算机系统。通常人类专家完成这项工作需要三小时，而该系统只用了半分钟，大大提高了效率。

随着专家系统被大量应用到实际中，其存在的问题也逐渐显现出来：一是交互问题，系统只能模拟人类深思熟虑的行为，却无法处理人与环境的交互行为；二是扩展问题，传统的人工智能方法只适合建造狭窄领域的专家系统，无法将方法推广到规模更大、领域更宽的复杂系统中。

2. 人工神经网络

上面讲到基于知识工程的专家系统发展遇到了困境。这一困境使得人工智能研究者开始把目光由传统的基于物理符号的系统转向区别于符号主义的连接主义和行为主义，由此开始了人工神经网络和智能主体的研究与发展。

人工神经网络的研究起源于20世纪60年代，当时该领域研究的局限性使得人们几乎放弃了对人工神经网络的研究。1982年，美国加州理工学院物理学家霍普菲尔德（Hopfield）使用统计力学的方法来分析网络的存储和优化特性，提出了离散的神经网络模型，从而推动了神经计算的研究，标志着神经计算研究高潮的到来。1984年，他又提出了连续的神经网络模型，被称为Hopfield网络模型。1985年，该模型较为成功地解决了旅行商问题（Traveling Salesman Problem，TSP）。1986年，鲁梅尔哈特（Rumelhart）和麦克莱兰（MeClelland）等人提出了并行分布处理理论，致力于认知的微观结构的探索，并发现了反向传播（Back Propagation，BP）算法，成功地解决了多层网络学习问题，这一算法也成为广泛应用的神经元网络学习算法。1987年，第一届神经网络国际会议在美国召开，会上成立了国际神经网络学会（INNS）。

3. 智能主体

随着计算机网络、计算机通信等技术的发展，基于行为主义的智能主体的研究成为人工智能研究的一个热点。智能主体成为人工智能的一个核心问题。1995年，斯坦福大学的巴尔巴拉·海斯罗斯（Barbara Hayes-Roth）在国际人工智能联合会议的特约报告中谈道："智能的计算机主体既是人工智能最初的目标，也是人工智能的最终目标。"近年来，智能计算机系统、智能机器人和智能信息处理等方面的研究发展迅速，同时也取得了重大进展。

总之，从上述人工智能的发展历史可以看出，人工智能的发展经历了曲折的过程，但也取得了许多成就。随着计算机网络技术和信息技术的不断发展，人工智能领域的研究也将拥有更大的发展空间。相信在未来，分布式人工智能、智能系统间的通信、交互、协作等方面的研究将给人工智能带来新的飞跃。

二、人工智能的研究目标和策略

人工智能作为一门学科，其研究目标就是制造智能机器和智能系统，实现智能化社会。具体来讲，就是要使计算机不仅具有脑智能和群智能，还具有看、听、说、写等感知以及理解和交流能力。简言之，就是要使计算机具有自主发现规律、解决问题和发明创造的能力，从而大大扩展和延伸人的智能，实现人类社会的全面智能化。

但由于理论和技术的制约，这一宏伟目标一时还难以完全实现。因此，人工智能学科的研究策略是先部分地或某种程度地实现机器的智能，并运用智能技术解决各种实际问题特别是工程问题，从而使现有的计算机更灵活、更好用和更有用，成为人类的智能化信息处理工具，进而逐步扩展和不断延伸人的智能，实现智能化。

需要指出的是，人工智能的长远目标虽然现在还不能完全实现，但在某些方面，当前的机器智能已表现出相当高的水平。例如在博弈、推理、识别、翻译、学习以及规划、调度、控制等方面，当前的机器智能已达到或接近能同人类抗衡和媲美的水平，而在有些方面甚至已经超过了人类。

三、人工智能的研究内容

综合考虑人工智能的内涵、外延、原理、方法、理论、技术、表现和应用等，在此将人工智能学科的研究内容归纳为搜索与求解、知识与推理、学习与发现、发明与创造、感知与响应、理解与交流、记忆与联想、竞争与协作、系统与建造、应用与工程十个方面。这十个方面也是人工智能的十个主题或者说十个分支领域，它们构成了人工智能学科的总体架构。

（一）搜索与求解

这里的搜索，是指计算机或智能体为了达到某一目标而多次进行某种操作、运算、推理或计算的过程。人工智能的研究实践表明，许多问题（包括智力问题和实际工程问题）的求解都可以描述为或者归结为对某种图或空间的搜索问题（其实，搜索也是人在求解问题而不知现成解法的情况下所采用的一种普遍方法）。人们进一步发现，许多智能活动（包括脑智能和群智能）的过程，甚至几乎所有智能活动的过程，都可以看作或者抽象为一个基于搜索问题的求解过程。因此，搜索技术就成为人工智能最基本的研究内容。

（二）知识与推理

我们知道"知识就是力量"。在人工智能研究中，人们则更进一步领略到了这句话的深刻内涵。事实上，只有具备了某一方面的知识，才能解决相关的问题。所以，知识是智能的基础，甚至可以说"知识就是智能"。那么，要实现人工智能，计算机就必须拥有存储知识和运用知识的能力。为此，就要研究面向机器的知识表示形式和相应的计算机推理技术。知识表示形式要便于计算机接受、存储和处理，机器的推理方式与知识的表示形式又息息相关。由于推理是人脑的一个基本而重要的功能，因而在符号人工智能中几乎处处都与推理有关。这样，知识表示形式和机器推理方式就成为人工智能的重要研究内容。事实上，知识与推理也正是知识工程的核心内容。

（三）学习与发现

如前所述，经验积累、规律发现和知识学习等能力都是智能的表现。那么要实现人工智能，就应该赋予计算机这些能力。简单来讲，就是要让计算机或者说机器具有自主学习能力。试想，如果机器能自己总结经验、发现规律、获取知识，然后再运用知识解决问题，那么其智能水平将会大幅提升，甚至会超过人类。因此，关于机器的自主学习和规律发现技术就是人工智能的重要研究内容。

事实上，机器学习（Machine Learning，ML）与知识发现（Knowledge Discovery，KD）现在已经是人工智能的热门研究领域，而且取得了长足进步和丰硕成果。例如基于神经网络的深度学习（Deep Learning，DL）技术的出现和发展已将机器学习乃至人工智能及其应用提高到一个新的水平。

（四）发明与创造

不言而喻，发明创造应该是最具智能的体现。或者可以说，发明创造能力是最高级的智能。所以，机器的发明创造能力也应该是人工智能研究的重要内容。这里的发明创造是广义的，它既包括通常所说的发明创造，如机器、仪器、设备等的发明和革新，也包括创新性软件、方案、规划、设计等的研制和技术、方法的创新以及文学、艺术的创作，还包括思想、理论、法规的建立和创新等。发明创造不仅需要知识和推理，还需要想象和灵感；不仅需要逻辑思维，还需要形象思维和顿悟思维。所以，这个领域应该说是人工智能中最富挑战性的一个研究领域。目前，人们在这一领域已经开展了一些工作，并取得了一些成果。例如已开展了关于形象信息的认知理论、计算模型和应用技术的研究，已开发出了计算机辅助创新软件，还尝试用计算机进行文艺创作等。但总的来讲，原创性的机器发明创造进展甚微，甚至还是空白。

（五）感知与响应

这里的感知是指机器感知，就是计算机直接"感觉"周围世界，像人一样通过感觉器官直接从外界获取信息，如通过视觉器官获取图形、图像信息，通过听觉器官获取声音信息等。所以机器感知包括计算机视觉、听觉等各种感觉能力。同人和动物一样，机器对感知的信息进行分析以后也要做出响应。响应可以是语言、行为或其他方式。显然，感知和响应是拟人化智能个体或智能系统（如智能机器人）所不可缺少的功能和组成部分。所以机器感知与响应也是人工智能的研究内容之一。

其实，机器感知也是人工智能最早的研究内容之一，而且已经发展成一个被称为模式识别（Pattern Recognition，PR）的分支领域。近年来在深度学习技术的支持下，模式识别已取得了长足进步和发展，如图像识别和语音识别已经基本达到实用化水平。

（六）理解与交流

像人与人之间有语言信息交流一样，人机之间、智能体之间也需要有直接的语言信息交流。事实上，语言交流是拟人化智能个体或智能系统（如人机接口、对话系统和智能机器人）所不可缺少的组成部分。机器信息交流涉及通信和自然语言处理（Natural Language Processing，NLP）等技术。自然语言处理包括自然语言理解和表达，而理解是交流的关键。所以，机器的自然语言理解与交流技术也是人工智能的研究内容之一。

关于自然语言处理的研究，人们先后采用了基于语言学、统计学和神经网络机器学习这三种方法。从目前的实际水平来看，基于神经网络的方法处于领先地位。

（七）记忆与联想

记忆是人脑的基本功能之一，人脑的思维与记忆密切相关。所以，记忆是智能的基本条件。

不管是脑智能还是群智能，都以记忆为基础。在人脑中，伴随着记忆的就是联想，联想是人脑的奥秘之一。

从机器内部的实现方法来看，传统的信息查询是基于传统计算机的按地址存取的方式进行的。而研究表明，人脑的联想功能是基于神经网络的按内容记忆的方式进行的。也就是说，只要是与内容相关的事情，不管在哪里（与存储地址无关），都可以由其相关的内容被想起。例如"苹果"这一概念，一般有形状、大小、颜色等特征，按内容记忆的方式就是由苹果的形状想起颜色、大小等特征，而不需要关心其内部地址。

总之，记忆和联想也是人工智能的研究内容之一，这也是一个富有挑战性的技术领域。

（八）竞争与协作

与人和动物类似，智能体（如智能机器人）之间也有竞争与协作关系。例如在机器人足球赛中，同队的机器人之间是协作关系，而异队之间则是竞争关系。所以实现竞争与协作既需要个体智能，也需要群体智能或者说系统智能。这样，竞争与协作也就成了人工智能不可或缺的研究内容。

关于竞争与协作的研究，除了利用博弈论、对策论等有关理论来进行指导外，人们还从动物群体（例如蚁群、蜂群、鸟群、鱼群等）的行为中获得灵感和启发，然后设计相应的算法来实现智能体的竞争与协作。

（九）系统与建造

系统与建造是指智能系统的设计和实现技术，包括智能系统的分类、软硬件体系结构、设计方法、语言工具与环境等。由于人工智能一般总要以某种系统的形式来表现和应用，因此，智能系统的设计和实现技术也是人工智能的研究内容之一。

显然，智能系统的建造技术与通常的计算机系统特别是计算机应用系统的建造技术密切相关。事实上，通常的计算机技术包括硬件技术、软件技术和网络技术等，都可以为智能系统的建造提供支持；反过来，智能系统的建造又会进一步推动计算机技术和网络技术的发展。

（十）应用与工程

应用与工程指人工智能的应用和工程技术研究。这是人工智能与实际问题的接口。应用与工程主要研究人工智能的应用领域、应用形式、具体应用工程项目等，其研究内容涉及问题的分析、识别和表示，相应的求解方法和技术的设计与选择等。随着人工智能的飞速发展，人工智能技术已经越来越多地付诸实际应用。所以，关于人工智能的应用与工程可以说是方兴未艾。其实，人工智能的研究和实际问题的解决也是相辅相成的。一方面，人工智能技术的发展使许多困难问题得以解决；反之，实际问题又给人工智能的研究不断提出新的课题。所以应用与工程也是人工智能的重要研究内容之一。[①]

---

① 廉师友．人工智能导论［M］．北京：清华大学出版社，2020．

▍第三节　人工智能的发展现状及应用

一、中国面对人工智能的态度

人工智能的迅速发展将深刻改变人类社会生活，甚至改变世界。为抢抓人工智能发展的重大战略机遇，构筑我国人工智能发展的先发优势，加快建设创新型国家和世界科技强国，国务院于2017年7月8日印发了《新一代人工智能发展规划》（以下简称《规划》），提出了面向2030年我国新一代人工智能发展的指导思想、战略目标、重点任务和保障措施。

《规划》指出，要坚持科技引领、系统布局、市场主导、开源开放等基本原则，以加快人工智能与经济、社会、国防深度融合为主线，以提升新一代人工智能科技创新能力为主攻方向，构建开放协同的人工智能科技创新体系，把握人工智能技术属性和社会属性高度融合的特征，坚持人工智能研发攻关、产品应用和产业培育"三位一体"推进，全面支撑科技、经济、社会发展和国家安全。

《规划》明确了我国新一代人工智能发展的战略目标：到2025年，人工智能基础理论实现重大突破，部分技术与应用达到世界领先水平，人工智能成为我国产业升级和经济转型的主要动力，智能社会建设取得积极进展；到2030年，人工智能理论、技术与应用总体达到世界领先水平，我国力争成为世界主要人工智能创新中心。

《规划》提出了六个方面的重点任务：一是构建开放协同的人工智能科技创新体系，从前沿基础理论、关键共性技术、创新平台、高端人才队伍等方面强化部署；二是培育高端高效的智能经济，发展人工智能新兴产业，推进产业智能化升级，打造人工智能创新高地；三是建设安全便捷的智能社会，发展高效智能服务，提高社会治理智能化水平，利用人工智能提升公共安全保障能力，促进社会交往的共享互信；四是加强人工智能领域军民融合，促进人工智能技术军民双向转化、军民创新资源共建共享；五是构建泛在安全高效的智能化基础设施体系，加强网络、大数据、高效能计算等基础设施的建设升级；六是前瞻布局重大科技项目，针对新一代人工智能特有的重大基础理论和共性关键技术瓶颈，加强整体统筹，形成以新一代人工智能重大科技项目为核心、统筹当前和未来研发任务布局的人工智能项目群。

《规划》强调，要充分利用已有资金、基地等存量资源，发挥财政引导和市场主导作用，形成财政、金融和社会资本多方支持新一代人工智能发展的格局，并从法律法规、伦理规范、重点政策、知识产权与标准、安全监管与评估、劳动力培训、科学普及等方面提出相关保障措施。[①]

---

① 资料来源：新华网，2017-07-20，有删减。

二、人工智能的发展现状和趋势

当前人工智能学科发展具有繁荣的景象和光明的前景。虽然在通向其最终目标的道路上还会遇到不少困难、问题和挑战，但是其前进和发展早已是大势所趋，我们正在进入一个智能化的新时代。

（一）多种途径齐头并进，多种方法协作互补

人工智能有多种多样的研究内容以及交叉学科的应用，其研究途径和方法也是多元的。需要特别提及的是，近年来迅速发展的认知计算和量子计算对人工智能的研究和发展也具有重要意义。

（二）新思想、新技术不断涌现，新领域、新方向不断开拓

继深度学习算法获得成功后，人工智能芯片又成为一个新的研发热点。此外，关于通用人工智能（Artificial General Intelligence，AGI）的研究也逐渐热闹起来。

（三）理论研究更加深入，应用研究愈加广泛

人们从脑科学、认知科学、生命科学和系统科学中探究智能的原理和奥秘，同时又不断开发和拓展现有人工智能技术的应用领域。

（四）企业进军人工智能，协作竞争你追我赶

现在国内外许多大型企业和公司（有IT界的也有非IT界的）纷纷加入人工智能的研发队列，例如IBM、微软、Facebook、亚马逊、非营利组织OpenAI以及百度、腾讯、阿里巴巴等，而且许多企业大有"喧宾夺主"、后来居上的气势。另外，新创的专业人工智能公司也如雨后春笋般涌现。

（五）研究队伍日益壮大，人工智能教育蔚然成风

现在大专院校和科研院所中与智能相关的学科、专业和研究方向越来越多；国内的许多大学成立了人工智能学院或开设了人工智能专业，理工科几乎所有的专业都已经或将要开设人工智能通识课；甚至还准备在高中试验开设人工智能课程。另外，社会上和网络上各种讲座、培训班、书讯等更是令人目不暇接。

（六）各类活动空前活跃，社会影响与日俱增

社会上与人工智能有关的组织、团体、刊物、网站、网文等急剧增多，相关活动、会议、赛事等日益频繁；人工智能的产品、系统、工程几乎应有尽有；有关人工智能的新闻报道频繁出现。可以说，现在"人工智能"已经家喻户晓了。[①]

三、人工智能的应用

（一）机器博弈

机器博弈是人工智能最早的研究领域之一，而且经久不衰。

---

① 廉师友.人工智能导论［M］.北京：清华大学出版社，2020.

早在人工智能学科建立的当年——1956年，塞缪尔就成功研制了一个跳棋程序。1959年，装有这个程序的计算机击败了塞缪尔本人，1962年又击败了美国一位州冠军。

1997年，IBM的"深蓝"计算机以2胜3平1负的战绩击败了世界国际象棋十二年的蝉联冠军加里·卡斯帕罗夫，轰动了全世界。2001年，德国的"更弗里茨"国际象棋软件更是击败了当时世界排名前十位的棋手中的九位，计算机的搜索速度达到创纪录的每秒600万步。

2016—2017年，DeepMind研制的围棋程序AlphaGo更是横扫各路围棋高手。2017年12月，DeepMind又推出了一款名为AlphaZero的通用棋类程序，除了围棋外，该程序还会国际象棋等多种棋类。

机器人足球赛是机器博弈的另一个战场，近年来国际大赛不断，盛况空前。现在这一赛事已覆盖全世界的众多大专院校，激发了大学生们的极大兴趣和热情。

事实表明，机器博弈现在不仅是人工智能专家研究的课题，而且已经进入了人们的文化生活。机器博弈是对机器智能水平的测试和检验，它的研究将有力地推动人工智能技术的发展。

（二）机器翻译与机器写作

机器翻译就是用计算机进行两种语言之间的自动翻译，其研究由来已久。早在电子计算机问世不久，就有人提出了机器翻译的设想，并开始了这方面的研究，但由于曾经过分依赖基于规则的自然语言理解，所以一度进展缓慢。20世纪80年代，统计方法被引入机器翻译，使机器翻译有了巨大的进步和发展。近年来，神经网络机器学习的再度兴起，又给机器翻译带来了新的繁荣。据报道，在新闻稿的英汉互译方面，机器翻译已达到甚至超过人类专家水平。总之，在基于规则、基于统计和基于联结三大自然语言处理方法和学派的轮番攻关下，机器翻译质量不断提高，现已逐步进入实用化阶段。然而，在一些专业性较强的翻译领域，还需要三大学派继续联合攻关。

另一方面，现在机器人写新闻稿（即用计算机自动生成新闻稿）已经不再是新闻了。一篇题为"PaperRobot: Incremental Draft Generation of Scientific Ideas"的论文已被ACL2019（自然语言处理领域顶级会议）录用。文中介绍了一个最新开发的PaperRobot，它实现了从关键词、摘要、结论到"未来研究"的自动生成，甚至还能写出下一篇论文的题目，此事在推特上引起大量关注。PaperRobot的工作包括以下三个内容：

第一，对目标领域的大量人类撰写的论文进行深入的理解，并构建全面的背景知识图谱。

第二，通过结合图注意力（graph attention）和上下文文本注意力（contextual text attention），从背景知识库KG中预测连接，从而产生新想法。

第三，基于Memory-Attention网络，逐步写出一篇新论文的一些关键要素：首先根据标题和预测的相关实体生成一篇摘要；再根据摘要生成结论和未来工作；最后根据未来工作生成下一篇论文的标题。

研究者还对这个论文生成器进行了图灵测试：让一名生物医学领域的专家对PaperRobot生成的生物医学领域论文的摘要、结论和未来工作部分同人类所写的同领域论文进行比较。结果专家认为，摘要、结论和未来工作部分分别有30%、24%和12%，PaperRobot生成的比人类写得更好。

该论文作者来自伦斯勒理工学院、DiDi实验室、伊利诺伊大学香槟分校、北卡罗来纳大学教堂山分校和华盛顿大学。其中，第一作者王清昀是伦斯勒理工学院的大四本科生。

（三）自动程序设计

自动程序设计就是让计算机设计程序。具体来讲，就是只要给出关于某程序要求的非常高级的描述，计算机就会自动生成一个能完成这个要求目标的具体程序。这相当于给机器配置了一个"超级编译系统"，它能够对高级描述进行处理，通过规划过程生成所需的程序。但这只是自动程序设计的主要内容，它实际是程序的自动综合。自动程序设计还包括程序自动验证，即自动证明所设计的程序的正确性。自动程序设计也是人工智能和软件工程相结合领域的研究课题。

（四）智能管理

智能管理就是把人工智能技术引入管理领域，建立智能管理系统。智能管理是现代管理科学技术发展的必然趋势。智能管理是人工智能与管理科学、系统工程、计算机技术及通信技术等多学科、多技术互相结合、互相渗透而产生的一门新技术、新学科。它研究如何提高计算机管理系统的智能水平，以及智能管理系统的设计理论、方法与实现技术。

智能管理系统是在管理信息系统、办公自动化系统、决策支持系统的功能集成和技术集成的基础上，利用人工智能的专家系统、知识工程、模式识别、神经网络等方法和技术实现智能化、集成化、协调化的新一代的计算机管理系统。

（五）智能通信

智能通信就是把人工智能技术引入通信领域，建立智能通信系统，从而在通信系统的各个层次和环节上实现智能化。例如在通信网的构建、网管与网控、转接、信息传输与转换等环节，都可实现智能化。这样，网络就可以在最佳状态运行，并具有自适应、自组织、自学习及自修复等功能。

（六）智能预测

智能预测就是将人工智能技术引入预测领域，建立智能预测模型或系统。例如使用机器学习方法从大量观测数据中获取天气变化的规律，建立相应的气象预测模型，对未来的天气做出预测。又如从大量商业数据中通过机器学习获取市场变化的规律，建立相应的经济预测模型，对未来的市场经济做出预测。对于那些具有不确定性或者难以建立精确数学模型的系统，智能预测则可大显身手。

（七）智能仿真

智能仿真就是将人工智能技术引入仿真领域，建立智能仿真系统。仿真是对动态模型的实验，即行为产生器在规定的实验条件下驱动模型，从而产生模型行为。具体地说，仿真是在三种类型的知识——描述性知识、目的性知识及处理性知识的基础上产生另一种形式的知识——结论性知识。因此，可以将仿真看作一个特殊的知识变换器，从这个意义上讲，人工智能与仿真有着密切的关系。

利用人工智能技术能对整个仿真过程（包括建模、实验运行及结果分析）进行指导，能改善仿真模型的描述能力。在仿真模型中引进知识表示将为研究面向目标的建模语言打下基础，提高仿真工具面向用户、面向问题的能力。从另一方面来讲，仿真与人工智能相结合可使仿真更有效地用于决策，更好地用于分析、设计及评价知识库系统，从而推动人工智能技术的发展。正是基于这些方面，将人工智能特别是专家系统与仿真相结合，就成为仿真领域中一个十分重要的研究方向。

（八）智能车辆与智能交通

智能车辆就是将人工智能技术用于车辆驾驶，实现无人驾驶。随着计算机视觉、机器感知、智能控制、智能机器人等技术的飞速发展，智能车辆应运而生，并发展迅猛。国内外的许多公司竞相推出了各自的无人驾驶车，现在已进入上路测试阶段。

智能交通就是在公共交通的各个环节引入人工智能技术，建立智能交通系统，实现路况实时监测、车辆实时调度、实时路径规划等。这就需要计算机视觉、模式识别、自动调度与规划、自然语言人机接口等智能技术的支持，当然还需要卫星导航、电子地图等设施和技术的配合。其实，现在的交通系统已经部分地实现智能化了。

（九）智能诊断与治疗

将人工智能技术引入疾病诊断与治疗由来已久，早在20世纪七八十年代，人们已将专家系统技术用于疾病诊断与治疗。现在进一步将深度学习、强化学习、模式识别及机器人等技术引入疾病的诊断和治疗，已取得了一定的成果。但由于人体的复杂性以及安全性问题，从现阶段来看，人工智能还只能作为人类医生的助手，帮助人类医生提高疾病诊断和治疗水平。

（十）数据挖掘与知识发现

随着计算机、数据库、互联网等信息技术的飞速发展，人类已进入大数据时代。企业中出现了以数据仓库为存储单位的海量数据，互联网上的Web页面更以惊人的速度不断增长。面对这些浩如烟海的数据，人们已经无法用人工方法或传统方法从中获取有用的信息和知识。而事实上这些数据不仅包含着大量的信息，同时也蕴藏着丰富的知识。于是，如何从这些数据中归纳、提取出高一级的更本质、更有用的规律性信息和知识，成了人工智能的一个重要研究课题。也正是在这样的背景下，数据挖掘与数据库中的知识发现技术应运而生。

其实，数据挖掘和数据库中的知识发现的本质含义是一样的，只是前者主要流行于统计、数据分析、数据库和信息系统等领域，后者则主要流行于人工智能和机器学习等领域。所以，现在有关文献中一般都把二者同时列出。

数据挖掘现已成为人工智能应用的一个热门领域和研究方向，其涉及范围非常广泛，如企业数据、商业数据、科学实验数据、管理决策数据等。[①]

---

① 廉师友. 人工智能导论［M］. 北京: 清华大学出版社，2020.

第四节　人工智能在出版领域的应用

人工智能迎来了第三次发展浪潮，许多领域正从"互联网+"向"人工智能+"转型，人工智能成为实现传统产业深度变革的核心技术。当前人工智能等重大技术的进步将对出版业产生革命性的影响，以人工智能为代表的高新技术正在快速融合、渗透和应用于出版业中，出版业要敞开胸怀迎接新技术的挑战，迎接智能出版时代的到来。

一、人工智能与学术期刊的融合出版

在学术期刊出版流程的诸多环节中，利用人工智能技术可以推动学术期刊数字出版工作的进程，以促进学术信息快速并且多维地扩散。

（一）选题策划：从经验依赖到技术支持

人工智能时代下学术信息资源以数据化状态呈现，基于群体信息精炼化的知识体系可以让选题策划过程得到技术的大力支持。多源数据的合理配置更有利于提高选题策划的准确性和稳定性。

编辑把策划思路通过指令输入智能化选题系统，系统将依据传播热度、热点词汇和阅读趋势的分析，自动对学者学术履历、用户行为信息、学术评价等数据进行清洗、梳理与预测，提出多个维度的初步选题策划方案供编辑权衡选择。依托数据挖掘和深度学习技术的选题策划从出版源头就赋予了学术论文更前沿和精准的发展空间。通过大数据分析对选题进行科学化布局，成为学术期刊智能化融合出版的关键环节。

（二）评审评议：从主观传统到客观理性

在学术论文评审评议的步骤标准化的前提下，利用人工智能技术进行智能化评审具备可行性。智能化审稿系统通过大数据和人工智能等技术对稿件的关键信息进行自动检测和审核，淘汰与期刊定位不一致的稿件，利用区块链技术完善身份认证机制，根据逻辑化排序对同行评议专家的行为信息进行数据挖掘、特征识别和精准匹配，实时、开放地记录论文从投稿到发布的全过程生态链。

（三）编辑校对：从重复烦琐到快速高效

在传统学术期刊出版中，校对是整个出版流程中重复性强、创造性弱，但又必不可少的一个环节。其中参考文献著录格式和引文内容的核对是学术期刊编辑必须面对的一项非常烦琐耗时的工作。基于海量词汇、机器学习和大数据挖掘技术构建的智能化编校系统，可以借助人工智能技术强大的学习能力，以信息源为节点，通过知识标引协助编辑识别论文中存在的不规范问题，按照学术期刊编辑部制定的论文模板统一格式，自动进行参考文献核实、敏感词排查等基础性工作。除此之外，智能化编校系统可以利用文本挖掘技术、智能搜索技术、图文模式识别技术等人工智能技术实现论文编辑校对的自动化，并向编辑部提供编校勘误信息处理结果、有疑问信息提示报告等。

2019年8月14日，由我国自主研发的首个智能图书编校排系统"中知编校"正式发布，该系统将编辑修改的内容在原稿界面同步留痕，无须人工誊录，省去"校异同"环节，利用智能算法对敏感词、错别字给出修改建议，对标点符号、参考文献使用不规范的问题给出定位提示，极大地减轻了编辑和校对人员的工作量，该系统的智能化编校功能同样适用于学术期刊。此外，由方正电子研发的"智能辅助编校系统"也可以帮助编校人员对稿件进行更加快速而准确的编辑校对。

（四）信息推送：从单向静态到算法匹配

基于人工智能技术的信息推送，利用算法和深度学习挖掘与分析用户的搜索记录和阅读痕迹数据，对用户群体进行分组归类，通过智能标签识别用户对学术信息内容的个性化需求，打破了传统学术期刊以信息发布者为主导的单向化和静态化传播形式。例如超星的"域出版"学术平台，通过用户行为数据形成个性化信息流模型，借助智能算法分析用户偏好和态度趋向，按照阅读曲线进行内容与用户数据的智能化匹配，实现了学术信息的精准推送和碎片式传播。

信息分发由传统媒体转移到算法平台，可以实现点对点的精准知识传递服务，形成信息内容与用户行为数据的智能化匹配，提高学术期刊用户服务的针对性和专业性，实现学术信息传播与用户需求的精确匹配以及用户与传播主体之间的互动连接，营造全新的学术期刊智能化信息传播机制。

（五）数字出版：从简单融合到全媒体化

新媒体平台采用人工智能等技术进行文本呈现和用户互动，"人机共生"和"自我进化"的特征逐渐显现。学术期刊可以利用监督式机器学习方法分析用户在新媒体平台上发布的内容，基于深度学习方法预测新媒体用户的阅读情感轨迹，通过自然语言理解、深度神经网络等技术实现信息记忆和语义消歧，利用语音交互技术实现用户的便捷评价，并借助图像识别技术调研不同媒体平台的视频数据。此外，可以通过人工智能和大数据对海量内容进行标签定义，将不同形态的新媒体属性进行关联分析，选择适合的新媒体渠道进行学术信息的有效传播。

在人工智能环境下，学术出版与媒体融合发展的本质仍然是优质学术成果的高效传播与交流。学术期刊全媒体发展的关键是要通过人工智能等技术瞄准学术研究的前沿领域，利用最适宜的媒介平台向用户提供个性化、多样化的学术信息，构建立体化的学术期刊全媒体融合出版机制。

（六）媒介形态：从平面传播到交互多元

学术期刊的智能化出版平台应承载多样化的信息符号，突破学术信息单一平面传播的固有形态。人工智能等技术引领了出版业场景革命，使媒介形态全面升级。基于代码的多元形态的媒介产品不断发展和创新，利用数据挖掘算法感知用户端场景，实现信息推送与用户特定场景的精准适配，为用户带来可视化和高度交互性的最直观呈现形式，可以满足用户的信息智能化体验、沉浸式体验和人机互动体验等多样化需求。学术期刊可以融合多媒体技术、全息投影、语音阅读、动态图技术，并利用虚拟现实、增强现实等更具沉浸感的新兴技术进行出版内容再创作，催生出新的内容形式和传播模式，不断提升用户的阅读体验。

随着媒介分工的进一步细化，开发满足用户多感官需求的信息产品成为学术期刊发展的重要方向。虚拟与现实、线上和线下的多维度交互将全面融入用户的感知体验系统中，信息传播的形态和方式得到进一步的变革。人工智能等技术将走向学术出版内容生产的最前沿，嵌入传统产业链的诸多环节中，促进多元媒介形态产品的快速发展。①

二、人工智能与教育期刊的融合出版

随着后疫情时代的到来，传统教育期刊出版单位面临着疫情后教育信息化快速发展的压力。人工智能将为教育期刊的转型注入新的活力。

（一）赋能出版流程：数据把关算法推荐，实现流程再造

教育期刊编辑部应逐步建立人工智能稿件处理平台，稿件中数据是否准确、提法是否科学、观点是否新颖、引用的文献资料是否合理等都依托技术平台进行识别，以显著减轻编辑日常工作量。在期刊审稿环节，技术平台不仅能根据稿件主题、关键词、摘要等进行自动鉴定、审核、筛选，还能协助编辑进行加工校对，自动选择匹配的专家来审稿。

在内容生产的重要环节如选题策划中，数据分析将是未来选题策划的重要基础：技术平台根据互联网热搜、热点词汇、传播热度等，对选题进行智能分析，依托技术聚焦热点难点问题；根据阅读平台、论坛、阅读数据、评论内容及数据、传播数据等，帮助编辑掌握真实信息，使编辑把关转变为数据把关与算法推荐相结合的方式，为教育期刊的科学策划和评判提供支撑。

（二）赋能资源处理：激发资源活力，推动数字出版生态系统生成

新冠肺炎疫情期间，不少受众在接收教学资源时，除硬件条件不足造成障碍之外，优质的内容资源紧缺是主要难题。随着人工智能技术在教育出版领域的应用不断深入，出版单位从自身资源优势出发，积极寻求专业、精良、特色的创新发展路径，融合发展模式日趋多元化。在线教育、知识付费正在席卷各行各业。内容是持续生产与服务的核心，精品、专业的教育出版内容生产，正是传统教育期刊的优势，也是后疫情时代人工智能赋能的着力点。

无论是面向教育管理、教育研究的专业期刊，还是面向师生的学科辅导类期刊，在长期办刊过程中，教育期刊积累了丰富的内容资源、专家资源、作者资源、渠道资源。技术的创新和智能化为教育期刊的未来发展提供了新动能，教育期刊单位应着力建立完善专业的内容数据库，围绕用户需求对资源进行全面整合与开发，通过数据切片和智能标签，变单纯的信息积累传播为有效知识关联传播，为读者提供个性化的学习资源和服务，提升用户体验，激发资源活力，形成充满

① 孔薇. 人工智能环境下学术期刊的融合出版：热点主题、维度特征和发展路径［J］. 中国编辑，2021（04）：39-44.

生机的教育数字出版生态系统。

（三）赋能出版形态：全景体验、专业服务与个性需求智能匹配

在移动传播的大环境下，人工智能与数字出版融合应用，以场景植入为核心，以"人"为中心，满足用户不断丰富的阅读体验和感知需要，为用户提供场景下的个性化服务方案。例如，面向青少年的科普教育类刊物，其多媒体内容呈现形式丰富，文字内容融合了图片、声音、视频等元素，为受众阅读增添了更多乐趣。5G时代，人工智能技术不仅能使用户对实时场景进行感知，还可以使用户在产品使用和体验过程中进行沉浸式交互体验。

教育期刊的出版形态发展经历了传统纸质、数字化，正在走向智能化时代。人工智能时代的教育期刊出版，将围绕用户这个核心，创设不同的时空和场景，注重对用户服务的实时捕捉和推送，实现服务与需求的智能匹配，让读者在立体、真实而又多维的场景中实现全景感知。阅读对于读者而言不仅是一种视觉上的收获，更是全景式的享受。

（四）赋能传播发行：智能分发人机交互，让智慧教育落地

基于大数据的智能分发和算法推荐，使出版智能化和服务个性化成为可能，而且能重塑内容分发机制，实现个性化阅读、精准服务。例如方正电子的"超融合媒体解决方案"，充分利用移动互联网、云计算、大数据、人工智能等新技术，助力媒体与出版的全面融合，赋能智慧媒体新时代，构建媒体新生态。方正电子已与多家传媒单位合作，在选题策划、内容分发、营销等方面提供精准服务，"让媒体人实现更贴近用户的选题、更便捷的内容创作、更准确的考核管理、更全面的影响力评估、更科学的分析决策"。

随着虚拟现实、增强现实、人工智能等技术在教育期刊出版中的深入运用，开发智能化、交互式的教育数字出版产品将成为传统期刊融合转型的重点。人工智能技术中的识别技术、语言理解与语义分析技术、虚拟现实技术以及其对学习状态的捕捉和分析，在减轻学生课业负担、有效提升教辅类期刊服务学生学习效率方面将发挥重要作用。在人工智能技术的支持下，教育期刊出版机构可以利用数据与算法技术对学生进行全过程考查，提供个性化学习方案，这样既能保持传统出版优质资源提供商的优势，更能实现优质精品内容资源生产、服务与新产业价值链的构建。[1]

---

① 邵林. 后疫情时代人工智能如何为教育期刊发展赋能 [J]. 新闻世界，2021（04）：43-47.

参 考 文 献

［1］李苓. 数字出版学概论［M］. 成都：四川大学出版社，2017.

［2］国家新闻出版署出版专业资格考试办公室. 数字出版基础［M］. 北京：电子工业出版社，中国书籍出版社，2020.

［3］万安伦. 数字出版研究：运行模式与发展趋势［M］. 北京：中国传媒大学出版社，2017.

［4］徐丽芳. 数字出版：概念与形态［J］. 出版发行研究，2005（07）：5-12.

［5］刘银娣. 数字出版概论［M］. 广州：华南理工大学出版社，2018.

［6］张立. 数字出版的若干问题讨论［J］. 出版发行研究，2005（07）：13-18.

［7］张立. 数字内容管理与出版流程再造［J］. 出版参考，2007（Z1）：28.

［8］司占军，顾翀. 数字出版（第二版）［M］. 北京：中国轻工业出版社，2020.

［9］陈生明. 数字出版概论［M］. 南京：南京大学出版社，2011.

［10］黄光蓉，李魏娟. 美国数字出版法律制度的现状与趋势［J］. 中国出版，2021（17）：59-62.

［11］葛敏，吴丁. 近二十年我国数字出版产业研究现状与演进［J］. 科技与出版，2021（03）：114-121.

［12］宗绪锋，韩殿元. 数字媒体技术基础［M］. 北京：清华大学出版社，2018.

［13］刘清堂. 数字媒体技术导论（第2版）［M］. 北京：清华大学出版社，2016.

［14］曾元祥. 数字出版产业链研究［M］. 武汉：武汉大学出版社，2018.

［15］张斌. 论数字出版产业链的形成与演化［J］. 出版广角，2021（05）：33-35.

［16］吴志海，邓婷燕. 数字出版产业链构成要素及合作模式研究［J］. 情报探索，2019（02）：18-23.

［17］胡卫军. 版式设计从入门到精通（第3版）［M］. 北京：人民邮电出版社，2020.

［18］骆媛，陆晶，李淼. 版式设计［M］. 北京：中国时代经济出版社，2013.

［19］周逢年，张媛，薛朝辉. 版式设计［M］. 南京：江苏美术出版社，2013.

［20］红糖美学. 版式设计从入门到精通［M］. 北京：中国水利水电出版社，2019.

[21] 高航，俞学劢，王毛路．区块链与新经济：数字货币2.0时代 [M]．北京：电子工业出版社，2016.

[22] 朱建明，高胜，段美姣．区块链技术与应用 [M]．北京：机械工业出版社，2017.

[23] 熊健，刘乔．区块链技术原理及应用 [M]．合肥：合肥工业大学出版社，2018.

[24] 邹均，张海宁，唐屹，等．区块链技术指南 [M]．北京：机械工业出版社，2016.

[25] 刘昌用，胡森森，钟廷勇，等．区块链：密码共识原理、产业与应用 [M]．北京：电子工业出版社，2018.

[26] 胡沛，韩璞．大数据技术及应用探究 [M]．成都：电子科技大学出版社，2018.

[27] 黄史浩．大数据原理与技术 [M]．北京：人民邮电出版社，2018.

[28] 梅宏．大数据导论 [M]．北京：高等教育出版社，2018.

[29] 杨尊琦．大数据导论 [M]．北京：机械工业出版社，2018.

[30] 中科普开．大数据技术基础 [M]．北京：清华大学出版社，2016.

[31] 孔令云．大数据关键技术与展望 [M]．成都：四川大学出版社，2019.

[32] 陈建平，陈志德，席进爱．大数据技术和应用 [M]．北京：清华大学出版社，2020.

[33] 胡可云，田凤占，黄厚宽．数据挖掘理论与应用 [M]．北京：清华大学出版社，北京交通大学出版社，2008.

[34] 朱明．数据挖掘 [M]．合肥：中国科学技术大学出版社，2002.

[35] 徐立萍．影响图书出版产业效益的版权保护关键要素研究 [J]．中国出版，2019（23）：46-50.

[36] 徐立萍．版权保护强度与图书出版产业效益的宏观关系研究 [J]．中国出版，2018（21）：28-32.

[37] 杨万庆．后疫情时代基于大数据的出版企业经营与管理 [J]．中国编辑，2021（05）：44-47.

[38] 聂明．人工智能技术应用导论 [M]．北京：电子工业出版社，2019.

[39] 鲁斌，刘丽，李继荣，等．人工智能及应用 [M]．北京：清华大学出版社，2017.

[40] 王文敏．人工智能原理 [M]．北京：高等教育出版社，2019.

[41] 尚文倩．人工智能 [M]．北京：清华大学出版社，2017.

[42] 廉师友．人工智能导论 [M]．北京：清华大学出版社，2020.

[43] 孔薇．人工智能环境下学术期刊的融合出版：热点主题、维度特征和发展路径 [J]．中国编辑，2021（04）：39-44.

[44] 邵林．后疫情时代人工智能如何为教育期刊发展赋能 [J]．新闻世界，2021（04）：43-47.

[45] 中国信息通信研究院官方网站：http://caict.ac.cn

[46] 新华网：http://www.news.cn/